ZU TISCH BEI

Martin Luther

ZU TISCH BEI

Martin Luther

VON ALEXANDRA DAPPER

Herausgegeben von Harald Meller,
Halle (Saale) 2008

Landesamt für Denkmalpflege und Archäologie Sachsen-Anhalt
LANDESMUSEUM FÜR VORGESCHICHTE

1. Luthers Küche: Reste von der Tafel

Wir beschreiten einen neuen Weg in der Interpretation archäologischer Befunde. Ausgangspunkt ist eine höchst interessante Abfallgrube aus dem Elternhaus Martin Luthers. Anhand der hier gefundenen Reste konnten die Ernährungsgewohnheiten der Familie ermittelt werden – reinste Detektivarbeit im wahrsten Sinne des Wortes. Aus einer Vielzahl zeitgenössischer Quellen ließen sich zudem die damaligen Zubereitungsweisen und ein Speiseplan im Jahreslauf rekonstruieren. Sie können sinnlich daran teilhaben: Im nachfolgenden Rezeptteil werden mittelalterliche Kochangaben zusammen mit modernen Kochanleitungen vorgestellt.

MARTIN LUTHER ALS MENSCH AM BEGINN DER RENAISSANCE

Wie kaum ein anderer prägte Martin Luther (1483–1546) als Reformator das Geistes-leben seiner Zeit (Abb. 1). Seine Einstellung zu den Genüssen des Lebens beleuchtet ein Ausspruch, den er in launiger Stimmung machte: *»Ich fresse wie ein Böhme und saufe wie ein Deutscher, dafür sei Gott gedankt.«*[1]

Bodenständigkeit verrät, dass er nichts vom Hochwild wissen wollte, welches in erster Linie dem Adel vorbehalten war. So sagte er einmal: *»Ich esse nicht Holz! Will gleich so lieb (den) Teller essen, weil der ja auch keinen Saft hat. Die armen Tierlein … müssen auf der Flucht leben. Darum haben sie melancholisches Fleisch, das gar nicht nahrhaft ist.«*[2]

»Leckerbissen« gönnte er Anderen durchaus. Für sich selbst meinte er indes, einfache *»Spatzen sind sehr delikate Vögel. Es ist ein gutes Gericht von den Spatzen, denn sie essen nichts Unreines …«*[3] Dem gemäß bekannte er: *»… Ich lob eine reine, gute gemeine Haus-speise.«*[4] Gerade diese hatte er offenbar im Elternhaus kennen gelernt.

Doch woraus bestand solche Hausmannskost an der Wende vom Spätmittelalter zur Neuzeit? Erste Anhaltspunkte lieferte die Ausgrabung.

← ABB 1
BILDNIS MARTIN
LUTHERS. LUKAS
CRANACH D. Ä. (1528)

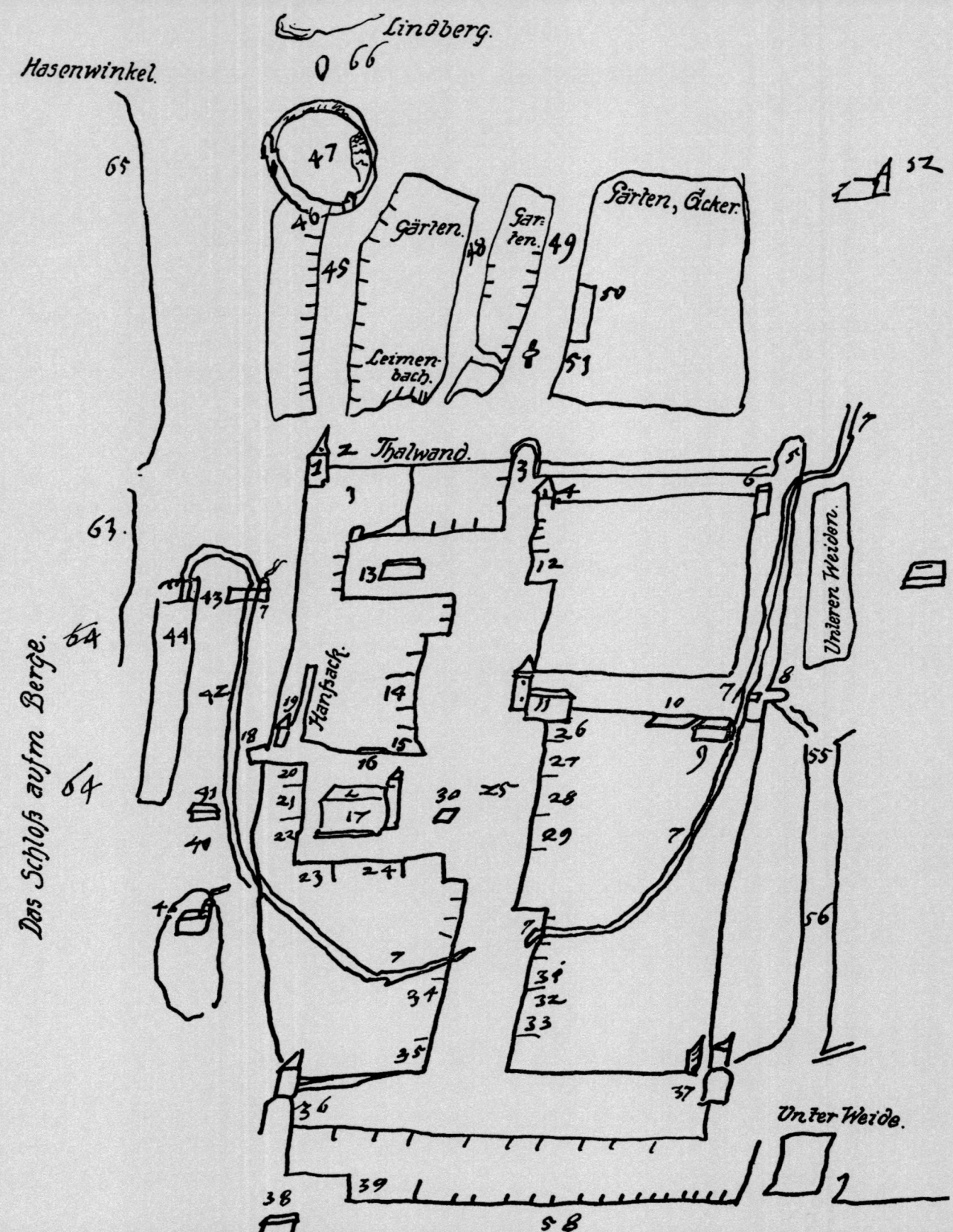

Hasenwinkel.

Lindberg.

66

47

46
45

Gärten.

Garten.
49

Gärten, Äcker.

52

65

Leimenbach.

50

51

Thalwand.

63.

Das Schloß aufm Berge.

64

64

43
44
42

Hanfbach.

13

14

15
16

17

30

25

26

27

28

29

12

Unteren Weiden.

10

9

55

56

31
32
33

34

35

37

36

Unter Weide.

38 39

58

INE ÜBERRASCHENDE FUNDGRUBE

Als 2003 Tiefbaumaßnahmen in dem kleinen Harzstädtchen Mansfeld (Abb. 2) den Bereich Lutherstraße 24 – 26 erreichten, hegte man große Hoffnungen. Der historischen Überlieferung zufolge stand auf diesem Grundstück bis zum teilweisen Abriss in den Jahren 1805/06 das Anwesen von Margarethe und Hans Luder (künftig Luther), also das Elternhaus des berühmten Reformators.

Dem Landesamt für Denkmalpflege und Archäologie Sachsen-Anhalt gelang es dann auch, einige Mauerzüge und einen Gewölbekeller als letzte Reste des ehemals repräsentativen Gebäudes freizulegen. Nördlich des Kellers, zum einstigen Hofraum hin, fand sich noch eine tiefe Grube. Dieser zunächst unscheinbare Befund erwies sich in der Folge als Aufsehen erregende Quelle der Kulturgeschichte.

Charakteristische Formen der geborgenen Keramik sowie 260 Silbermünzen erlauben den Schluss, dass die fragliche Vertiefung um 1500 in einem Zug verfüllt wurde. Damit stammen die betreffenden Fundgegenstände gerade aus der Zeit, als Martin Luther nach 1484 in diesem Haus seine frühe Kindheit verbrachte und in dem seine Eltern bis zu ihrem Tod 1530/31 wohnten.

Mansfeld gehörte damals zur gleichnamigen Grafschaft und war ein prosperierendes, vom Bergbau geprägtes Städtchen. Luthers Vater, Sohn wohlhabender Bauern aus dem thüringischen Möhra, investierte im Berg- und Hüttenwesen. Als selbständiger Unternehmer betrieb er in Mansfeld eine Kupferhütte und gehörte als einer der »Vierherren« der Gemeinde zum Ratskollegium. Martin Luthers Eltern (Abb. 3) können somit als gut situiert gelten – dem heutigen Mittelstand vergleichbar.

Die aus der Abfallgrube ans Tageslicht gekommenen Funde bestätigen diese Einschätzung. Darüber hinaus verraten die Metall-, Keramik-, Glas-, Bein- und Holzfragmente aufgrund ihrer Mannigfaltigkeit einiges über das Haus selbst, am meisten jedoch über das Alltagsleben der Familie. Ein Gutteil des Materials lässt sich dabei dem Themenkreis Küche und Ernährung zuordnen.

Die Bestimmung der in Mansfeld geborgenen Pflanzenreste (↓ Liste 1) und Tierknochen (↓ Liste 2) liefert über diese Mahlzeitreste gleichsam eine Zutatenliste für die zubereiteten Speisen. Weiterhin umfasste das Fundspektrum Teile der Küchenausstattung

← ABB 2
PLAN DER STADT MANS-
FELD AUS DER SPANGEN-
BERG'SCHEN CHRONIK
(1570ER JAHRE).
FAMILIE LUTHER WOHNTE
IM BEREICH DER NR. 33.

11

←ABB 3
HANS UND MARGARETHE
LUDER, DIE ELTERN
MARTIN LUTHERS.
LUKAS CRANACH (O. J.)

und des Tafelgeschirrs. Durch die Umstände der wohl wahllosen Entsorgung, nicht zuletzt aber auch infolge schlechter Erhaltungsbedingungen vorrangig für organische Materialien, stellt all dies natürlich nur einen Ausschnitt des ehemaligen Bestandes dar. Um diesen zu rekonstruieren, eine Vorstellung auch des Verlorengegangenen zu gewinnen, bedarf es deshalb weiterer zeitgenössischer Quellen.

Unter Berücksichtigung eines vergleichbaren sozialen Umfeldes finden sich dazu die unterschiedlichsten Mosaiksteinchen. Das Küchengerät und Tafelgeschirr listen Haushaltsinventare – etwa des Bürgermeisters Keltz aus Saalfeld von 1556 oder solche aus Nürnberger Handwerkerhäusern der Zeit um 1500 – auf.

Beispielhaft für alte Rechnungsbücher sei das Haushaltsbuch des Kölner Bürgers Hermann von Goch von 1398 angeführt. Aus ihm geht hervor, was in welcher Menge und zu welcher Jahreszeit eingekauft wurde. Einen Schritt weiter führen die Ordnungen der Hospitäler, z. B. in Münster ab der Mitte des 16. Jahrhunderts. Hier waren – heutigen Altenheimen vergleichbar – die so genannten Pfründner entsprechend ihrem sozialen Status täglich zu versorgen.

Als ergiebigste Quelle zur Frage, was zubereitet oder angerichtet wurde, erweisen sich die zahlreichen historischen Kochbücher (Abb. 4.) Neben den eigentlichen Rezepten – meist ohne Mengenangaben, teilweise mit heute überraschenden Zubereitungsweisen – enthalten sie wertvolle Hinweise zur speziellen Verwendung des Küchengerätes. Um 1500 verfügte eine große Anzahl von schriftkundigen Haushalten über ein Hausbuch zu den Themen Mensch, Tier und Garten, welches öfter auch Kochrezeptsammlungen enthielt. Deren kursierende Vorlagen wurden von berufsmäßigen Schreibern kopiert und zu neuen Sammlungen zusammengestellt. Der dadurch belegte überregionale Austausch erlaubt es deshalb, Lücken in den dürftiger erhaltenen regionalen Kochbüchern zu schließen, etwa durch Rezepte z. B. aus dem Rheinfränkischen (um 1445), dem alemannischen Raum (15. Jh.), Bayern oder Österreich.

Der im Vergleich zur herrschaftlichen Küche bisher kaum Beachtung geschenkten Küche gut situierter Stadtbürger lässt sich aber z. B. eine Sammlung von Rezepten aus Straßburg (15. Jh.), die des »*Kramer*« Ulrich Mostl aus Regensburg (1501/10) oder die des Zunftbürgermeisters Ulrich Schwarz aus Augsburg (1478) sowie von Philippine Welser, der Tochter eines Augsburger Kaufmanns für Leinenweberei (1550), zuordnen. Speziell an den wohlhabenden Bürger richtete sich das erste von Peter Wagner in Nürnberg gedruckte Kochbuch, die »*Küchenmeisterei*« aus dem Jahr 1490. Dieses populäre Werk wurde im 16. Jahrhundert ebenfalls in niederdeutscher Sprache nachgedruckt. Bei all diesen Schriften zeigen häufig wiederkehrende Rezepte, welche Speisen sich allgemeiner Beliebtheit erfreuten, vielleicht sogar in gewisser Weise alltäglich waren.

Für die Küche der hiesigen Regionen erweist sich das »*Niederdeutsche Kochbuch*« als bedeutsam, eine Sammlung, die um 1500 für ein ostfälisches Kloster entstand. Daneben lassen sich Rezepte aus dem Dominikanerkloster in Leipzig (16. Jh.), dem »*mittelniederdeutschen Lesebuch*« (um 1500) sowie dem »*Königsberger Kochbuch*« (15. Jh.) aus dem Besitz des Deutschen Ordens heranziehen. Der Herzoglich-Braunschweiger Hofkoch Franz de Rontzier (1598) diktierte für sein Kochbuch gerade auch regionaltypische Rezepte, die er in seiner Nebentätigkeit als Koch bei Hochzeiten kennen musste.

Eine eindrucksvolle Vorstellung des Geschehens in der Küche, ihrer Einrichtung, aber auch der Tafel mit den aufgetragenen Speisen vermitteln schließlich die historischen Darstellungen, vom Holzschnitt bis hin zum niederländischen Ölgemälde.

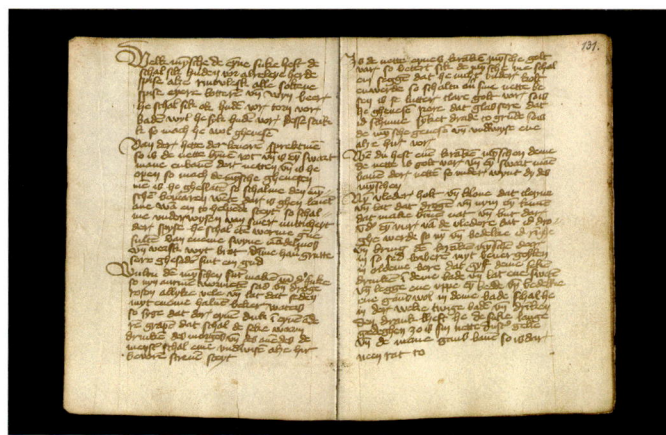

← ABB 4
NIEDERDEUTSCHES
KOCHBUCH UM 1500,
EINE REZEPTSAMMLUNG
FÜR EIN OSTFÄLISCHES
KLOSTER.

VOM GRAPEN UND MÖRSER: DIE KÜCHENAUSSTATTUNG UND IHRE VERWENDUNG

In den Tischreden äußerte Martin Luther »... *die Mutter hat all ihr Holz auf den Rücken eingetragen...*«.[5] Offenbar hat sie selbst das Feuerholz herangeschafft, obwohl man im gutbürgerlichen Haus auch Hilfe durch Bedienstete annehmen darf. So meinte auch Luther »*vieler Hände machen leicht Arbeit*«.[6] Das Haus und die Küche waren trotzdem nach unseren heutigen Vorstellungen ein eher ungemütlicher Arbeitsplatz (Abb. 5). Mühevoll galt es damals das Wasser aus dem Brunnen zu schöpfen, Vorräte zu schaffen und aufzubewahren, aber auch die Speisen auf offenem Feuer zuzubereiten. Dicke Rußschichten an den Wänden erhaltener historischer Küchen zeugen von der immensen Rauchbelastung beim Anfachen und Erhalten des Feuers auf dem gemauerten Herd.

Über welche Ausstattung eine bürgerliche Küche wie die der Mutter Martin Luthers um 1500 verfügte, beschreibt ein Gedicht des Hans Folz:[7] *Kochtöpfe, Deckel,* Kessel, *Pfannen,* Dreifuß, *Blasebalg,* Bratspieße, Bratrost, Kesselgehänge, Hackmesser, Hackbrett, Koch- und Schaumlöffel, Bratpfanne, Reibeisen, Durchschlag, Mörser, Stößel, »reibscherb«, Reibtuch, Fleischbütte, Salzfass, Essigkrug, Topfgabel und Schürgabel, Spülbottich, Eierbretter, Hackbank und Bankschaber, *Schüsseln,* Holz- und Zinnteller, Tellerkorb, *Vorlegeschüsseln* und *Vorlegeteller,* kleine *Senf-* und *Saucenschüsseln* und solche für Latwerge; auch Schwefel, Feuerzeug, Späne und Kienspäne zum Feuermachen und Beleuchten durften nicht fehlen (Abb. 6).

Die rot hervorgehobenen Ausstattungsteile wurden in Mansfeld tatsächlich gefunden (Abb. 8). Das Inventar des Lutherschen Haushalts erweist sich – trotz einiger Abstriche durch widrige Erhaltungsbedingungen und dem schon damals üblichen Recycling von Metall – als mit dem Notwendigen versehen und zeittypisch zusammengesetzt.

Manche Stücke wie der irdene Kugeltopf stehen noch in der Tradition des nun zu Ende gehenden Mittelalters. Einzelne, auf der Innenseite glasierte Gefäße zeigen andererseits, dass auch im Verantwortungsbereich von Martin Luthers Mutter diese damals sich gerade durchsetzende Innovation Einzug gehalten hatte.

Als universeller *Kochtopf* in der Lutherschen Küche erscheint der Grapen, ein Topf mit drei Füßen, wie auch sonst in Mittel- und Norddeutschland üblich. Nach dem »niederdeutschen Kochbuch« bereitete man darin Mus aus Wurzelgemüse, Früchten oder

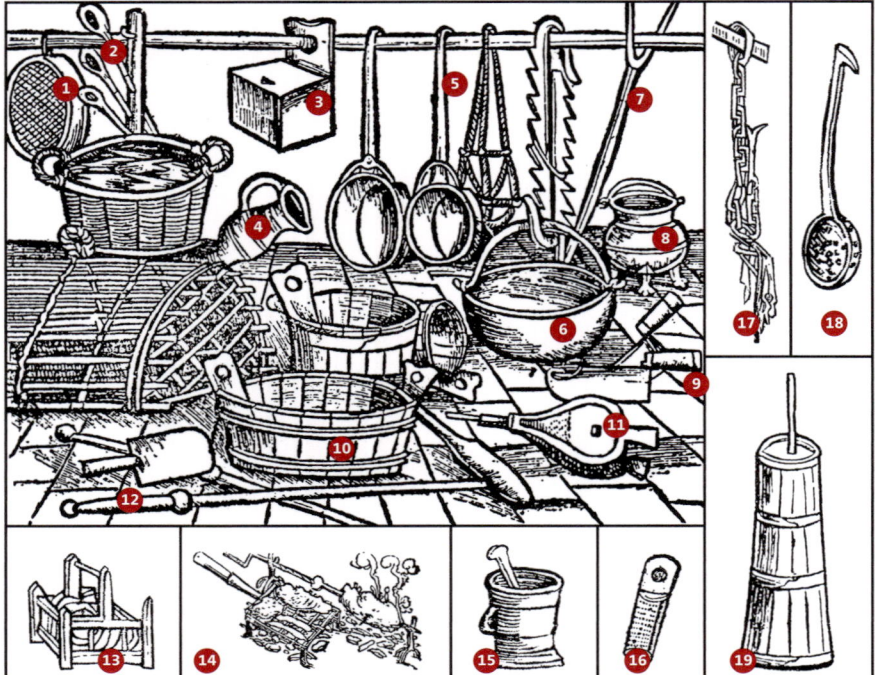

KÜCHENGERÄTE

1 SIEB
2 LÖFFEL
3 SALZKASTEN
4 ESSIGKRUG
5 PFANNE
6 KESSEL
7 TOPFGABEL
8 METALLGRAPEN
9 HACKMESSER
10 HÖLZERNES SCHAFF
11 BLASEBALG
12 HÖLZERNER BRATSPIESS
13 TELLERKORB
14 EISERNER BRATROST
   UND -SPIESS
15 METALLMÖRSER
16 REIBEISEN
17 EISERNES KESSEL-
   GEHÄNGE
18 SCHAUMLÖFFEL
19 BUTTERFASS

Rosenblättern, aber genauso eine ganze Wildente. Auch in anderen Quellen war die Größe eines Huhnes Maßangabe für das Fassungsvermögen. Als multifunktionales Gefäß kam der Grapen jedoch nicht nur über dem offenen Feuer zum Einsatz. Für die Zubereitung einer eingedickten Mandelmilch konnte er, verschlossen mit einem Deckel aus Teig, als eine Art »Auflaufform« in die Nachwärme des Backofens gestellt werden. Bruchstücke zeigen, dass Margarete Luther mindestens ein bis zwei metallene Grapen ihr Eigen nannte. Aus Buntmetall gegossen, konnten sie problemlos in hochloderndes Feuer gestellt werden und erweisen sich damit als spätmittelalterlicher Schnellkochtopf. Wegen des hohen Materialwertes gehörten sie zum wichtigen, erwähnenswerten Teil des bürgerlichen Besitzes.

Der im Alltag dominierende *Dreibeintopf aus Keramik* war in seiner Handhabung über offenem Feuer dagegen etwas schwierig, da die Wandung mit der Bildung von Spannungsrissen auf krasse Temperaturschwankungen reagiert und deshalb häufiger zu Bruch ging. Die in Mansfeld geborgenen Exemplare eigneten sich mit einem recht standardisierten Fassungsvermögen von zwei bis drei Litern problemlos dafür, ein nach dem *»niederdeutschen Kochbuch«* halbiert hinein gegebenes Huhn zu kochen. Kleinere Grapen bestückte man eher mit Fleischfülle, um sie im Wasserbad des großen Kessels zu garen (↓ RNr. 9). Etwa ein Liter Volumen war gefordert, um zerstoßene Hausen- bzw. Störblase – ein Geliermittel – in Wasser aufzulösen oder eine Mandelmilch zu bereiten.

Auch bei den *Pfannen* gab es generell *»große und kleine«*. Je nach Material unterschied man etwa zwischen *»iseren«*, eisernen Pfannen (Abb. 6.5), und *»pannen«*, wohl die im Mansfelder Fundgut vertretenen tönernen Ausführungen. In diesen bereitete man Eierkuchen oder briet Würste. Historische Darstellungen der Geburt Christi (Abb. 7) zeigen häufig kleine tönerne Dreibeinpfännchen, in denen Brei gekocht wird. Der *»Küchenmeisterei«* zufolge wurde ein *»kids mus«*, ein Eiermus mit Milch zubereitet. Abgesehen davon war die Pfanne generell das Kochgerät für Brei *(bri[e])* oder Mus (*»muos, gemuese«*), d. h. jede gekochte Speise von nicht ganz fester und nicht ganz flüssiger Konsistenz.

ABB 7 →
ZUBEREITUNG VON MUS
IM TÖNERNEN STIL-
PFÄNNCHEN. KONRAD
VON SOEST, DIE GEBURT
CHRISTI (1404)

Gefäße mit der Bezeichnung »schissel, schüssel, redel, raidel, kachel, kar« dienten in der Regel dem gleichen Zweck wie eine Pfanne. In den Augsburger Patrizierküchen buk man die Eiermilch in einer auf den Rost gestellten »schisel«, mit einem glutbedeckten großen *Topfdeckel* darüber. Diese Anordnung gleicht der mit Deckel versehenen Tortenpfanne aus Metall, in der Pasteten am Feuer gebacken wurden. Dies zeigt eine im Mittelalter offenbar gängige, alternative Möglichkeit zum Backen in einem Backofen. Nach der »*Küchenmeisterei*« von 1492 verwendete man »*weite schüsseln*« bei der Krapfenbereitung. Das »*niederdeutsche Kochbuch*« erwähnt häufig den »*sc(h)apen*«, ein weites, tiegelartiges Gefäß, in dem Hühnerragout gegart, aber auch gefüllte Teigtaschen frittiert wurden. Eventuell können mit diesen Formen die in Mansfeld gefundenen angerußten, weitmundigen Schüsseln mit Ausgussschnaube verknüpft werden. Natürlich war die Schüssel darüber hinaus wie heute universell einsetzbar. Die Schnaube verweist auch auf flüssige Speisen; denkbar wäre die Verwendung beim häufig erforderlichen Pürieren.

Mit Sicherheit besaß die Küche von Luthers Mutter als elementaren Bestandteil des Kücheninventars einen großen Metallkessel (Abb. 6.6). Dieser hing an einer Kette oder an einem Feuerhaken mit Sägehals über dem Herdfeuer und fasste der zeitgenössischen Überlieferung zufolge mehrere »*Eimer*« Wasser, zumindest aber besaß er die Größe, um einen in der Rüstung steckenden, »*bewehrten*« Fuß aufzunehmen. In ihm garte man vor allem Würste, gefüllte Schweinemägen oder im Tuch eingepackte Klöße aus Leber oder Fleisch. Die in großer Menge anfallende Kochbrühe war ihrerseits Zutat zahlreicher anderer Gerichte.

Gekochte Würste oder übrig gebliebene Scheiben der genannten Speisen briet man auf einem eisernen Rost nochmals auf (Abb. 6.14).

Auf historischen Bildern ist die Darstellung des Brathuhns an einem eisernen Spieß (Abb. 6.14) recht geläufig. Das »*niederdeutsche Kochbuch*« verlangt ihn jedoch auch für fleischgefüllte Birnen. Auf dem Herd konnten die verschieden starken und langen Spieße übereinander durch entsprechende Spießständer gehalten werden, wobei der dünnste, oberste z. B. für Waldvögel bestimmt war. Zum Drehen besaßen die landläufigen Ausführungen eine simple Kurbel. Der gehobene mittelständische Haushalt kannte aber durchaus auch aufwändigere mechanische Bratenwender.

Ungewöhnlicher erscheinen Spieße aus Wachholder, Hasel- oder Erlenholz (Abb. 6.12). Diese bis zu armdicken »*Prügel*« benötigte man, um Hohlbraten aus Fleisch- oder Fischbrät (↓ RNr. 6) sowie Feigen-, Erbsen- oder Eierteig zu braten, ähnlich einem Salzwedeler Baumkuchen. Auf die dagegen nur dünn erscheinende Rute der »*heryngespete*« wurden Heringe, aber auch wiederbefüllte Eier und auf »*höltzen sticken*« kleine Vögel (Drosseln) gesteckt. In Rabelais Roman »*Gargantua und Pantagruel*« (1535–1563) braten Rebhühner, Tauben, Hasen, Ferkel etc. ebenfalls auf hölzernen Spießen.

In der Küche unentbehrlich, zählte der häufig aus Bronze gegossene Mörser (Abb. 6.14) aufgrund seines Materialwertes zu den wertvolleren Besitztümern. In ihm zerstieß man das im Stück gekaufte Salz, Gewürze, geröstete Lebkuchen oder getrocknetes Brot zum Zubereiten einer Soße. Ebenso wurden darin Mandeln oder Nüsse für die Fastenmilch zerrieben. Zu Mehl zerstieß man Reis oder gedörrte Erbsen. Aber auch Früchte und Wurzeln, gebratene Leber, gekochtes Fleisch sowie Fisch wurden mit dem Stößel bearbeitet – norddeutscher Labskaus hat also durchaus eine lange Tradition.

Trockenes konnte noch feiner durch ein Gewürzsieb (»krudeseff«) gerieben werden (Abb. 6.1). Mit Hilfe eines Durchschlags ließen sich Kerne aus gekochten Früchten entfernen oder man drückte hier Erbsen zu Erbsschnee durch (↓ RNr. 13). Dieses Gerät war gemeinhin aus Kupfer verfertigt. Bereits Zerkleinertes passierte man teilweise weiter durch ein »dock«, wohl das »Reibtuch«. Noch feiner pürieren ließ es sich in der kleinen steinernen »sennepmolen« (Senfmühle).

In geböttcherten Zubern (Abb. 6.10) konnten z. B. größere Mengen Kirschen zerquetscht, aber auch das Geschirr gespült und zum Abtropfen gelagert werden.

Hölzerne Bretter benötigte man wie heute zum Ausrollen von Teig, als Hackbrett, aber auch zum Dörren im Ofen oder um den gekochten Hackbraten am Feuer zu überbacken.

An kleineren Küchengeräten erscheinen Kochlöffel aus Holz und Eisen (Abb. 6.2), daneben eine halbe Elle (ca. 25 cm) lange, dünne Hölzchen – so genannte »schenen«. Sie dienten ebenfalls zum Umrühren, jedoch löste man mit ihrer Hilfe v. a. die komplette Haut eines Tieres ab. Um diese als Hülle einer Füllmasse wieder zusammenzustecken, gebrauchte man kleine spitze Holzspießchen alternativ zum Zunähen mit einem Zwirnsfaden. Zum Bepinseln von »Kuchen«, d. h. von Gebackenem, bediente man sich der Hühner- oder Gänsefeder.

Um den Gerichten schließlich die notwendige Würze verleihen zu können, musste in der Küche der Krug mit Essig (Abb. 6.4) wie auch das Holzkästchen für das Salz (Abb. 6.3) stets griffbereit sein.

Abgesehen von der Küchenausstattung im engeren Sinn fand man in der Küche um 1500 darüber hinaus auch manche Gerätschaft, die eher der Eigenwirtschaft zuzurechnen ist, erwähnt sei nur das Butterfass (Abb. 6.19).

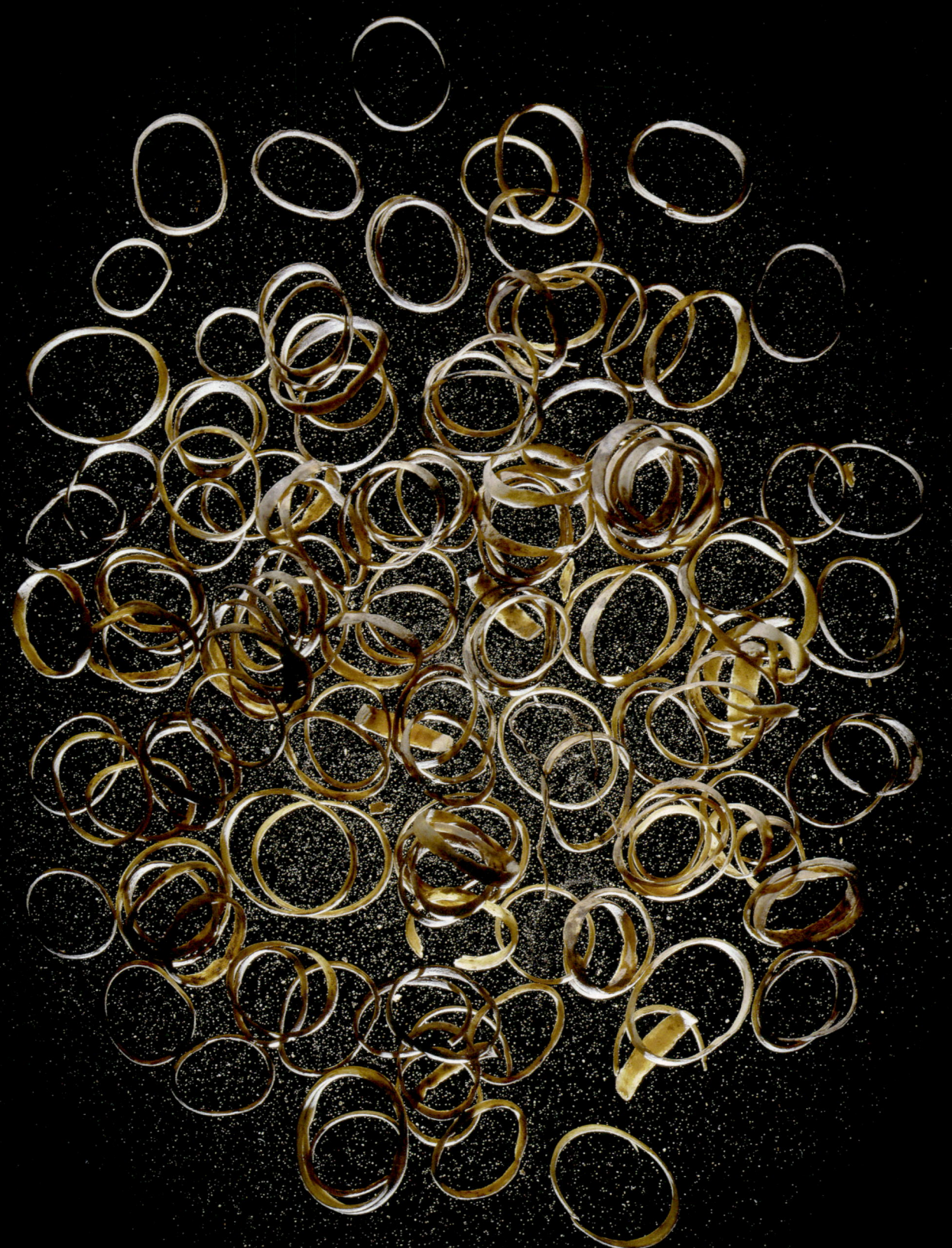

SPISE: WAS GAB ES DENN SO?

Teilweise verrieten schon die Archivalien und historischen Darstellungen zum Küchen-gerät, was für die Zubereitung welcher Speise diente. Speziell für den Haushalt von Martin Luthers Eltern lässt sich dies anhand der aus der Abfallgrube geborgenen Pflanzen- und Tierreste, also der ehemaligen Zutaten (im Folgenden rot hervorgehoben), konkretisieren.

Zum einen fanden sich hinter dem Lutherschen Haus *Getreide, Obst, Sammel-* und *importierte Früchte* sowie *Gewürze*, aber auch wild wachsende Pflanzen bis hin zu Un-kräutern (↓ Liste 1). Zum anderen konnten viele Skelettteile von *Haustieren* und *Hausge-flügel* (Abb. 9), *Süßwasser-* und *Seefischen, Wild* und *Wildgeflügel* bis hin zu *Singvögeln* sowie einem *Graureiher* bestimmt werden (↓ Liste 2).

Insgesamt deutet dies alles auf einen Bürgerhaushalt hin, der zumindest teilweise auf einer bäuerlichen Selbstversorgung basierte. Dazu gehörte auch ein eigener Garten, in dem – ähnlich wie für Martin Luthers Frau Käthe beschrieben – wahrscheinlich auch seine Mutter Würzkräuter, Gemüse, Obst und andere Früchte zog. Ansonsten stamm-ten die Nahrungsmittel vorwiegend aus der Region und nur zu einem Teil aus dem Fernhandel. Zu bestimmten Gelegenheiten konnte sich die recht wohlhabende Familie in kulinarischer Hinsicht offenbar etwas leisten. Dies prägte wohl auch Martin Luther, der meinte »... *jeder Tag ist ein Festtag, jede Speise ist erlaubt, ... nur muss überall Maß gehalten und Liebe geübt werden*«. [8]

In einer spätmittelalterlichen Stadt wie Mansfeld stand grundsätzlich ein vielfältiges Angebot an Lebensmitteln zur Verfügung.

BROT

← ABB 9
LUFTRÖHRENRINGE VON
HALSGÄNSEN AUS DER
ABFALLGRUBE VON
LUTHERS ELTERNHAUS
IN MANSFELD

Den in der Abfallgrube nachgewiesenen *Roggen* und *Weizen* dürfte man bei Luthers teilweise selbst angebaut haben, was durchaus andernorts in spätmittelalterlichen Städ-ten beobachtet werden konnte. So besaß z. B. der Bürgermeister Jacob Keltz in Saalfeld 1556 etliche Äcker und hatte für deren Bewirtschaftung zwei Knechte. Als unbestrit-tenes Grundnahrungsmittel wurde Getreide überwiegend zu Brot verbacken. Pro Tag

verbrauchte ein Erwachsener etwa 1 – 1,5 Pfund davon, je höher die soziale Stellung, desto weniger – zugunsten des Fleisches. Für Luther hatte Brot einen hohen Stellenwert, er sagte »... *es ist ein groß Ding, das Wort (Gottes) haben und ein Stück Brots*«.[9] Für die Mittelschicht war das grobe Roggenbrot alltäglich. Hier blieb feiner ausgemahlenes »*Schönroggenbrot*« oder gar das erheblich teurere Weißbrot dem Fest- und Fasttag vorbehalten. Nur für solche Gelegenheiten kaufte man »*Semmeln*« oder »*Weggen*« beim städtischen Bäcker. Derjenige, der Getreide besaß, konnte das tägliche Brot im Rahmen der Lohnbäckerei auch einfach nur backen lassen.

Daneben wurde Roggen als Ganzes mit Fleischeinlage gekocht. Der Braunschweiger Hofkoch Franz de Rontzier empfiehlt zudem eine Roggen- oder Gerstensoße zu Hammelfleisch.

MUS, BREI ODER GRÜTZE

In Süddeutschland bestand das »*gemeine*« Mus bevorzugt aus Hirse, in Norddeutschland eher aus der auch bei Luthers gefundenen *Gerste* oder Hafer, zudem aus Hülsenfrüchten wie Erbsen und Bohnen. Dieses »*gemues*« war für untere Schichten ein wichtiger Nahrungsbestandteil zum Sattwerden (Abb. 10). Mitte des 16. Jahrhunderts bekamen die Insassen des Münsteraner Magdalenenhospitals an den Abstinenztagen Montag, Mittwoch und Samstag, an denen auf Fleisch verzichtet wurde, immer das aus ganzer Gerste oder Gerstengrütze (↓ RNr. 7) gekochte Mus neben Brot, Käse und Kraut gereicht.

Für diese dem englischen *Porridge* vergleichbare Variante rührte Meister Hans grob gemahlenes Gerstenmehl in Milch ein. Alternativ konnte Hafer oder teurer importierter Reis verwendet werden, der zu Beginn des 16. Jahrhunderts auch schon bei städtischen Patrizierfamilien auf den Tisch kam. Dieser »besser« zubereitete Brei, auch aus gutem Weizen, bildete im vornehmen Haus die oft mit teurem Safran aufgewertete Beilage zu anderen Speisen (↓ RNr. 1)

↓ ABB 11
MELKEN EINER ZIEGE.
BREVIARUM GRIMANI,
KALENDERBLATT FÜR
DEN MONAT SEPTEMBER
(1510 – 1520)

MILCH

Neben die »*acker speiss*« treten als Grundnahrung auch Milchprodukte, häufig von selbst gehaltenen Tieren (Abb. 11). Im Elternhaus Martin Luthers spricht das relativ hohe Schlachtalter von zwei bis drei Jahren bei *Schaf* oder *Ziege* dafür, dass die Tiere nicht wegen ihres Fleisches gehalten wurden.

Die Milch nahm man zum Kochen, z. B. für Küchlein in Ziegenmilch, oder man verarbeitete sie weiter zu Sauer- oder Buttermilch, die zum Frühstück und zu Zwischenmahlzeiten gereicht wurden.

KÄSE

Neben dem selbst aus Milch hergestellten Quark und Weichkäse, der unmittelbar verbraucht wurde, kauften die Haushalte mit Lab versetzten lagerfähigen Hart-Käse zu. In den Kochbüchern als »*alter Käse*« bezeichnet, verraten Zusätze wie »*Holendisch*« seinen teilweise weit entfernten Herstellungsort.

An Abstinenztagen konnte Käse als Fleisch- oder auch Fischersatz auf dem Speiseplan stehen. Eine Käsesuppe reichte man nicht nur zu Mittag, sondern auch als Morgenimbiss – im allerdings vornehmen Haushalt des Speyerer Bischofs (↓ RNr. 31). Alter Käse ließ sich noch klein gerieben zusammen mit frischen Eiern in der Pfanne zu einem besonderen Maiessen verarbeiten. Ebenso kannte man ihn in der Füllung einer Torte, in Käsekrapfen oder in einer Art Käsespätzle.

An Stelle der im Hauswerk erzeugten, lange haltbaren Sauerbutter bevorzugte man im Norden Deutschlands die geschmacklich bessere, mit Salz konservierte Butter, die seit dem 13. Jahrhundert etwa aus Dänemark, Holland oder Friesland über weite Strecken verhandelt wurde. Mit Brot und Käse zusammen bildete die gute Butter ab dem 14. Jahrhundert den Abschluss eines Essens an der großbürgerlichen Festtafel. Im Spätmittelalter überwog allgemein allerdings noch die Verwendung als Fettzugabe. Eine Ostfälische Tischzucht des 15. Jahrhunderts berichtet von dem üblichen, mit Butter angereicherten Mus (↓ RNr. 7). Daneben gab es das Butterbrot, wie »ein Vrese« (Friese) es aß. Die »putterpomme« (Bemme) erwähnt 1525 auch Martin Luther in der Epistel »Habt eynerley mutt und synn unternander«.[10] Er charakterisiert damit eine neu etablierte Esssitte – zumindest für Zwischenmahlzeiten im Sommer –, die aus der eigenen Kindheit stammen könnte.

Frisch bereitete Maibutter, die sich schlecht einsalzen ließ, ebenso wie Mai-Butterschmalz werden als Zutat in besonderen jahreszeitlichen Speisen hervorgehoben. Letzteres gewann man durch Auskochen, die im Süden Deutschlands gängige Art, Butter zu konservieren.

EIER

Das Huhn als Eierlieferant suchte sich sein Futter auf Hof und Straße, auch in der Stadt. Selbst für ärmste Leute waren Eierkuchen deshalb ein erschwingliches Mahl. Während die Hühner im Winter kaum legen, beginnen sie gerade in der Fastenzeit erneut. Da der Verzehr von Eiern während dieser Abstinenzperiode verboten war, sammelten sich bis Ostern etliche der neuen Eier an, die man dann mit besonderem Genuss aß. So bemerkte Martin Luther zu Klaus Bildenhauer: »Es ist der Zeit schuld. Ich und Ihr haben zu viele Ostereier gegessen«.[11] Andernorts gab es bei dem österlichen Hauptmahl noch Fladen und Lammbraten dazu. Das Ei konnte auch einfach nur weich gekocht sein und zusammen mit einem Stück Eierkäse, Fladen, Nüssen und Äpfeln auf den Tisch kommen. Insgesamt häufen sich Belege für Eierspeisen in der Zeit bis Pfingsten, also etwa zwischen April und Juni – gerade anstelle von Fleischgerichten.

Ein entsprechendes »Gemüse« für Abstinenztage konnte aus den in Niederdeutschland besonders bekannten »Nonnenfürzen«, also in einer Soße gekochten Eierteigstückchen bestehen. Normalerweise mit Eiern gemachte Strauben, Gebäcke, Rührkuchen und Pasteten erwähnt das »niederdeutsche Kochbuch« nur in ihrer Fastenausführung mit Hechtrogen als Ei-Ersatz. In Augsburg hingegen bildeten solche Strauben, Striezel, Küchlein, Krapfen, Hütchen, Torten und Pasteten offenbar einen wichtigen Bestandteil der gutbürgerlichen Ernährung.

ABB 12 →
EIERSCHALEN VOM HUHN
AUS LUTHERS ELTERN-
HAUS IN MANSFELD

Anstelle von Fleisch konnte es im Frühsommer auch halbe Eier, verlorene Eier in Brühe oder am Spieß gebratene Eier geben (↓ RNr. 20). Letztere waren sehr beliebt und finden sich als »*Kroseier*« in vielen Rezeptsammlungen, ähnlich wie die Eiermilch, die sog. »*melk*« oder »*millich*«, die beim Grafen von Öttingen den Knechten und Bauern zu allen Mahlzeiten gegeben werden konnte. Der Augsburger Patrizierhaushalt kannte etliche Möglichkeiten Eiermilch zu essen – als kaltes Eiermilchmus, als gebackener Auflauf oder im Wasserbad gekocht (der oben genannte Eierkäse). Aus dieser Masse stach man Klößchen aus oder schnitt sie in Scheiben, die nochmals frittiert oder nach dem »*niederdeutschen Kochbuch*« am Rost gebraten wurden (↓ RNr. 21). Die Scheiben, durchaus auch als »*Milchbraten*« oder sogar als »*Wildpret*« bezeichnet, waren ein Substitut für richtigen Fleischbraten. Hält man sich vor Augen, dass allein für letztgenannte Speise ein halbes Dutzend Eier notwendig war, so verwundert es nicht, dass zahlreiche *Eierschalen* auch im Abfall der Familie Luther zum Vorschein kamen (Abb. 12).

SALAT UND GEMÜSE

↑ ABB 13
ARBEIT AM GEMÜSEBEET.
PLATINA VON CREMONA,
WOLLUST DES LEIBS
(1542)

Abgesehen von dem örtlichen Markt konnte die Familie Luther den Bedarf an pflanzlichen Nahrungsmitteln auch über ihr Gartenland decken (Abb. 13).

Bereits der hochmittelalterliche »*Parzival*« Wolfram v. Eschenbachs beschreibt, wie Portulak oder Lattich, also Gartensalat, mit Weinessig angemacht wurde. Etwas ausführlicher ist um 1510/20 dem »*Gaerde der suntheit*« (Garten der Gesundheit) aus Lübeck zu entnehmen, dass Lattich ebenfalls mit etwas Essig, dazu noch mit Kresse, Olivenöl sowie Salz gemischt wurde. Unter der Bezeichnung Lattich führte man nach Ryffs Arzneibuch auch die Endivie. Sabina Welser zufolge aß man zum Salat frische Würste.

Rezepte für Gerichte mit Gemüse in unserem heutigen Sinne wurden eher selten überliefert. Dennoch findet sich u. a. eine Anweisung zu gekochten Weißkohlvierteln, Grünkohl, Mangold-Kraut, Lauchgemüse oder zu Rübensuppe – alles Speisen, die zusammen mit den im Mansfelder Fundkomplex nachgewiesenen Zutaten aufgetischt zu werden pflegten (↓ RNr. 3, 10, 15, 17, 40).

Die in der Abfallgrube ebenfalls identifizierten *Wicken*-Linsen *(»vitzen«)* zählten zu den Hülsenfrüchten, genauso wie Bohnen und Erbsen. Letztere bewahrte man in der Schote getrocknet auf, enthülste sie nach dem Kochen in Aschenlauge, kochte die Kerne nochmals gar, dörrte sie wieder und zerstieß sie letztlich zu trockenem Mehl, das bei Bedarf z. B. mit Bier angefeuchtet kalt als Beilage gereicht wurde (↓ RNr. 13). Martin Luther schätzte dies besonders zu Bratheringen.

OBST UND BEEREN

Gleichberechtigt neben Gartengemüse standen für den mittelalterlichen Menschen die wenigen kultivierten Baumobstsorten. Allgemein verfügbar waren Äpfel, Birnen, Kirschen, Pflaumen, Quitten, Mispeln, Maulbeeren, Speierlinge, Pfirsiche, Weinbeeren und Walnüsse. Nach Ausweis der gefundenen Kerne verzehrte man in Martin Luthers Elternhaus auf jeden Fall *Steinobst* (Weichselkirschen, Mispeln oder Pflaumenschlehen), *Pflaumen* und *Weinbeeren* (Abb. 14).

Aus noch grünen Walnüssen kochte man schon im Juli Mus. Daneben ließen sich aus gut eingedicktem Obstmus »*Wecken*« formen und in der Pfanne gebackene Aufläufe herstellen. Auch für Krapfen, Küchlein, »höfische« Strudel, kalte »*Torten*« oder warme Pasteten waren die Früchte eine Variante der Füllung.

Man kannte die unterschiedlichsten Zubereitungsweisen. Heiße *Weichselkirsch*soße wurde gerne als Beilage zu Fisch oder Krebs gereicht (↓ RNr. 28). Es konnte aber auch ein kalter Pudding von festerer Konsistenz, »*Konkavelit*« genannt, daraus entstehen. Obstmus wiederum gab es dick eingekocht mit Honig als »*Latwerge*« oder als handfeste Variante der Breinahrung mit Eiern, so z. B. aus Pflaumen (↓ RNr. 30). An Fastentagen wurde alles mit Semmelmehl, normalem Mehl oder im gut situierten Haushalt mit Reis- und Mandelmehl angedickt, etwa ein Mus aus *Weintrauben* (↓ RNr. 41). Im Falle der Luthers konnte diese Frucht aus dem seit dem Hochmittelalter bestehenden Weinbaugebiet um den Süßen See bei Eisleben oder von einem eigenen Weinstock stammen. Auch damals auf dem lokalen Markt angebotene importierte Rosinen sind in Betracht zu ziehen. Frische Trauben dienten z. B. als Zutat in Pfannengebackenem, als Füllung einer »*Torte*« oder einer gebratenen Gans (↓ RNr. 1). Rosinen bildeten öfter die geschmackliche Grundlage für Soßen und Suppen (↓ RNr. 14).

In welchem Maße der mittelalterliche Mensch das Potential der Natur auszuschöpfen vermochte, zeigen Belege für Sammelfrüchte im Abfall der Familie Luther. Im Juni holte man *Walderdbeeren,* im Juli *Himbeeren,* im August *Holunderbeeren,* im September *Schlehen* und *Haselnüsse.* Sicherlich wäre diese Liste mit nicht nachgewiesenen, aber im »*niederdeutschen Kochbuch*« erwähnten Sorten wie Brombeere, Hagebutte, Holzäpfel und Holzbirnen zu ergänzen. Natürlich galten die für Kulturobst genannten Verarbeitungsweisen hier in gleicher Weise, man denke nur an Walderdbeertorte oder Krapfen mit Himbeerfüllung (↓ RNr. 23, 29). Darüber hinaus kannte man selbst die Verwendung der Blüte. So bereicherte ein im Mittelalter äußerst beliebtes, mit Holunderblü-

← ABB 14 A
MARKTSTAND MIT OBST
UND GEMÜSE, AUCH MIT
ROTEN UND WEISSEN
WEINTRAUBEN.
P. AERTSEN, MARKTFRAU
AM GEMÜSESTAND (1567)

↑ ABB 14 B
TRAUBENKERN AUS
LUTHERS ELTERNHAUS
IN MANSFELD

tenmilch hergestelltes Semmelmus den Reigen der Breinahrung (↓ RNr. 24). Besondere Beachtung verdient eine meist kalt servierte Würztunke, die man zu gebratenem Fleisch, aber auch Fisch reichte. Abgesehen vom »*Agraz*« aus Äpfeln und Trauben wurde sie ebenso aus Holzäpfeln und den bei Luthers nachgewiesenen *Schlehen* bereitet (↓ RNr. 37). Für diesen »*Essig*« stellte man ein Fruchtmark her, das in Form kleiner Klößchen im Backofen auf Holzbrettern getrocknet wurde. Aufbewahrt in Säckchen oder Holzdosen waren sie lange haltbar. Vor dem Gebrauch zerstieß man diesen trockenen »*Essig*« und löste ihn mit Wein auf.

FLEISCH

Mitte des 16. Jahrhunderts besaß zumindest ein Teil der Haushalte in Wittenberg, Allstedt oder Buttstädt durchschnittlich ein bis vier Schweine, zwei bis vier Kühe und teilweise ein bis zwei Schafe oder einzelne Ziegen. Dennoch reichte das selbst produzierte Fleisch in der Regel nicht aus, so dass auf Viehmärkten und an städtischen Fleischbänken zugekauft werden musste (Abb. 15).

Dem Augsburger Zunftbürgermeister Ulrich Schwarz war die Schweinehaltung so wichtig, dass in seine Rezeptsammlung von 1478 Anweisungen dazu aufgenommen wurden. So sollten junge Schweine den Sommer über auf der Weide bleiben, zu Michaeli (29. September) in einen Stall gesperrt und mit gemahlener Gerste bis zum Schlachttag am 5. Dezember gemästet werden. Im Lutherschen Abfall dominierten *Schwinekno-chen* von ein- bis zweijährigen Tieren mit fast 60 Prozent. Im Soester Hospital legte man Anfang des 16. Jahrhunderts fest, dass nach Bartholomäus (24. August) vorwiegend Schweinefleisch sowie in der Schlachtzeit Würste (↓ RNr. 3), Leber und dergleichen zusammen mit Roggen und Hülsenfrüchten auf den Tisch kamen. Die Winterschlachtung mit anschließendem Einsalzen war bei Schwein, Rind und Hammel offenbar allgemein üblich. Das auf diese Weise haltbar gemachte Fleisch ließ sich bis in den Sommer aufbewahren und wurde dann sehr wohl noch gekocht (↓ RNr. 32).

Soweit möglich bevorzugte man aber im Sommerhalbjahr frisches Fleisch. Nach Meister Eberhard sollen von Ende Mai bis September die noch nicht einjährigen Jungtiere von Hammel, Schaf, Ziege oder Kalb verzehrt werden. Ersteres bezeichnete ein im Alter von fünf Monaten verschnittenes männliches Schaf, dessen Fleisch gesünder sein sollte als das von Lämmern. Unter den Knochenfunden aus der Mansfelder Abfallgrube können sich durchaus Überreste des geschätzten Hammels befinden. Man aß bei Luthers mit 30 % anteilsmäßig relativ viel *Schaf* oder *Ziege,* vorwiegend Alttiere.

↓ ABB 15
FLEISCHBANK MIT
HALBIERTEM SCHWEIN.
P. AERTSEN, FLUCHT
NACH ÄGYPTEN (1551)

Im Allgemeinen war *Rindfleisch* am meisten gefragt und wurde das ganze Jahr über verzehrt. Da man in der Regel alte Arbeitstiere schlachtete, war es billiger als alle übrigen Sorten. Aus Polen importiertes Ochsen- und Kuhfleisch kostete z. B. Mitte des 15. Jahrhunderts sogar weniger als einheimisches. Gerade untere Einkommensschichten griffen deshalb gerne darauf zurück. Rindfleisch mit Korn (Roggen) gekocht galt als Arbeiterspeise. Umso bemerkenswerter erscheint die geringere Häufigkeit (10 %) im Tierknochenabfall aus Luthers Elternhaus. Ein vergleichbares Bild bietet indes ein mittelalterlicher Fundkomplex aus der Grafengasse in Erfurt, in der mittelständische selbständige Handwerker wohnten.

Alltagskost breiter Schichten war an zwei bis drei Tagen der Woche einfaches Kochfleisch. *»Suppe vnd flaisch«* (Suppenfleisch), ähnlich dem heute noch bekannten »Kesselfleisch« vom Schlachten, erhielten den Quellen zufolge verarmte Handwerker, Klosterhofangehörige, ebenso wie Wächter, Knechte und Arbeiter (↓ RNr. 8). Als etwas hochwertiger erscheint Fleisch in *»Brühe«* (Soße), Alltagskost in etlichen Hospitälern, aber auch für städtische Bedienstete oder Gefangene. Mengenmäßig rechnete man dabei mit etwa ½ bis 1 Pfund pro Tag. In Münster wurden die klein geschnittenen, gekochten Fleischstücke in Soße als *»Potthast«* bezeichnet. Wochentags verwandte man dazu überwiegend Schweinefleisch, ansonsten Rind und im Sommer frisches Schaf sowie am Feiertag zuweilen Kalb. Ähnliches kann anhand der Mengenverhältnisse nachgewiesener Knochensorten auch für die Familie Luther angenommen werden. Die im Elternhaus übliche Bevorzugung des Schweinefleischs prägte Martin Luther, der später sagte: *»… ick lowe Fro Morf mit ihrem Kinde! Denn ein Schwein hat Wurst, Speck, Fleisch, das sind nahrhafte Sachen«.*[12]

Obwohl in der Lutherschen Abfallgrube keine Knochen vom Kalb gefunden wurden, liegt doch der Zukauf knochenloser Stücke im Bereich des Möglichen (↓ RNr. 39). So erwarb etwa die Witwe des Saalfelder Bürgermeisters zweimal im Monat Kalbfleisch – sowohl in den Hospitälern als auch im bürgerlichen Bereich eine ausgesprochene Festtagskost. Zu diesen besonderen Gelegenheiten ließ sich die Brühe durch gewürztes Pfefferbrot oder andere – oft teure – Zutaten aufwerten (↓ RNr. 4). Als weitere Steigerung konnte die Kombination von Pfeffer- oder Zwiebelfleisch (↓ RNr. 38) mit gebratenem Fleisch oder Geflügel als typische *»Herrenspeise«* aufgetischt werden.

Die Bereitschaft des mittelalterlichen Menschen, alles vom Tier zu verwenden, zeigt sich im Kauf von (Kalbs-) *»geheng«*, sprich Innereien, die jeweils zur Schlachtzeit der Tiere auf dem Markt angeboten wurden. Das Versetzen von Pfefferwürzbrühe mit passierter Kalbs- oder Schafsleber (↓ RNr. 11) galt als Verfeinerung und zeigt die Wertschätzung für Derartiges. Der Augsburger Zunftbürgermeister Schwarz bewirtete seine Gäste durchaus mit Innereiengerichten und selbst an der Tafel des Papstes kannte man die Kuttelsuppe.

GEFLÜGEL

Nach dem Fleischbraten folgte in der Skala der Wertschätzung unmittelbar das gebratene Geflügel. Der Anteil des Hausgeflügels im Abfall der Familie Luther ist groß. Ähnlich wie in frühneuzeitlichen Fundkomplexen aus Erfurt, Halberstadt oder Münster überwogen dabei *Gänse* gegenüber *Hühnern*. In Mansfeld kamen noch Taube und Ente hinzu.

Tranchierspuren zeigen, dass die *Gänse* als Ganzes auf den Tisch gelangten (Abb. 16). Die Kochbücher nennen sowohl die komplett gekochte als auch die am Spieß gebratene Gans. Den Feiertag des Hl. Martin als traditionellen Termin für das Gänseessen kannte man bereits im Mittelalter. Zudem war das der Tauftag des Reformators und so wäre es durchaus vorstellbar, dass man zu diesem Anlass auch im Elternhaus die Martinsgans für die ganze Familie auftischte (↓ RNr. 1). Selbst Brüder des Augsburger Anton-Spitals erhielten 1445 an diesem Termin eine ¼ Gans neben einem »*Pfeffer*«, einer Semmel und Wein. Andernorts blieb die Gans wiederum den Sonntagen vorbehalten. Man verspeiste Gänse, Enten und Hühner in der Erntezeit von August bis Oktober.

Wie die Gänse, so waren auch die in der Mansfelder Abfallgrube nachgewiesenen *Hühner* eine Festtagskost. Teilweise blieben sie ein Privileg des »*Herrentischs*«. Die Rezeptsammlungen überliefern recht häufig entsprechende Rezepte; allein im »*niederdeutschen Kochbuch*« finden sich 16 Variationen. Zeitgenössische Abbildungen zeigen bevorzugt das beliebte Brathuhn oder den *Masthahn* (↓ RNr. 42). Daneben darf allerdings

ABB 16
BRUSTBEIN EINER GANS
MIT TRANCHIERSPUREN
AUS LUTHERS ELTERN-
HAUS IN MANSFELD

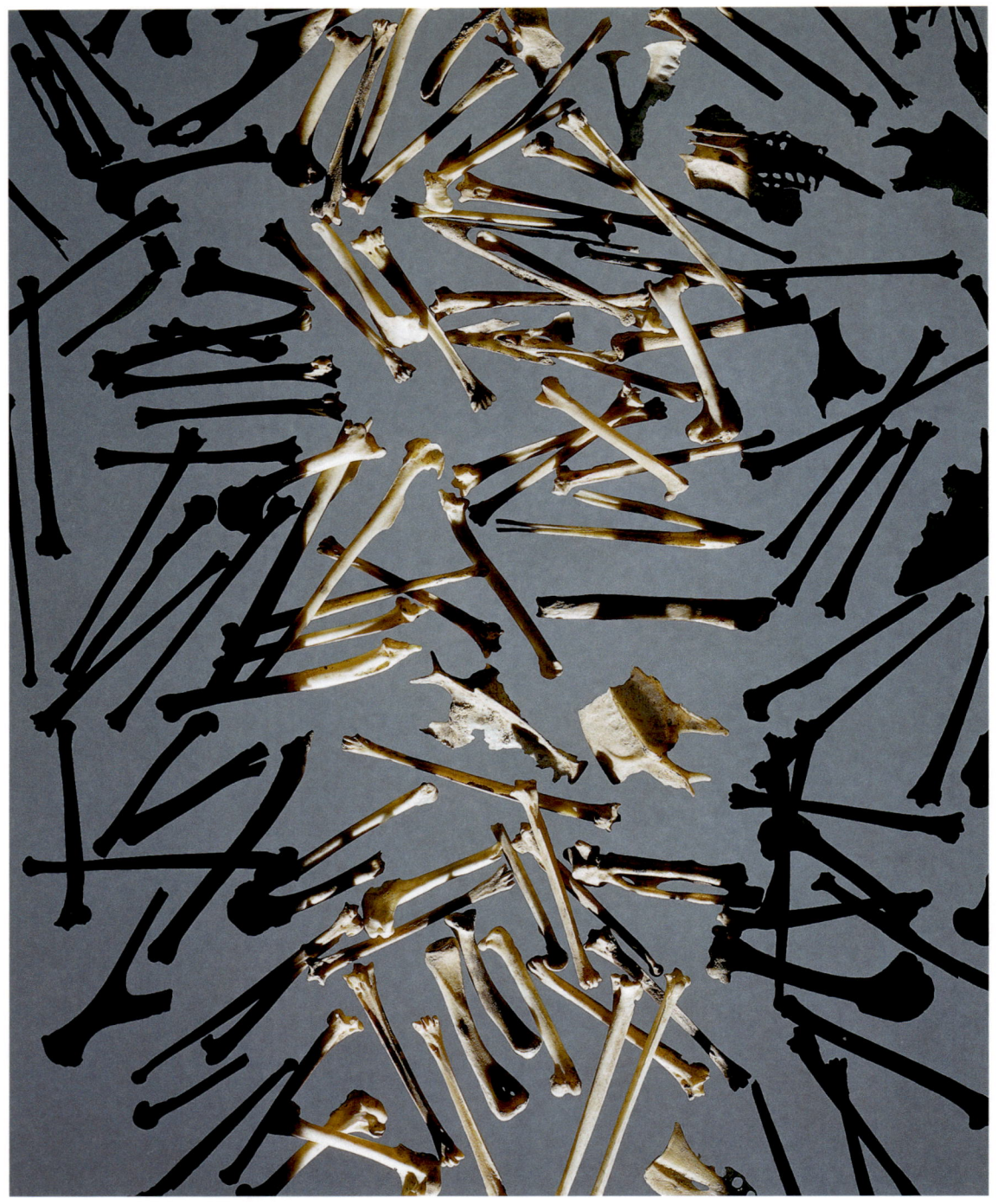

nicht das in Essigbrühe gekochte halbierte Tier, ebenso wie das als Fülle in eine Pastete gegebene Fleisch vergessen werden. Derartig Gebackenes stand »ehrbaren« Leuten bei Festessen neben »Pfeffer« und Braten als drittes gutes Essen zu. Ein Rezept für »mortel« – das sind Bröckchen von Hühnern – gehört dagegen zu den »Fleisch in Brühe« - Rezepten, hier für den Sonntag verfeinert mit in die Soße gerührten Eiern (↓ RNr. 32). Schon diese Zutat verweist auf ein Gericht für das Sommerhalbjahr, wie auch Belege für den Einkauf und Verzehr von Huhn für die Monate Mai bis November aus Soest existieren.

Rezepte für *Ente* statt wildem Birkhuhn in Fruchtsoße (↓ RNr. 12) oder am Spieß gebratene *Tauben* (↓ RNr. 33), die nach Meinung des Braunschweiger Hofkochs wie wilde Feldhühner schmecken, offenbaren die Wertigkeit dieser ebenfalls über den Abfall der Luthers nachweisbaren Speisen. Dies gilt in gleicher Weise für die mit junger Taube gefüllte Pastete. Martin Luthers Eltern haben sich am Sonn- und Feiertag wohl Derartiges gegönnt. Knochen noch nicht flügger Tauben laden darüber hinaus zu Spekulationen ein, ob sie nicht einen eigenen Taubenschlag besaßen. Martin Luther war der Umgang mit diesen Tieren vertraut, er meinte einmal »wo *Tauben* sind, da fliegen *Tauben* zu«.[13]

WILDGEFLÜGEL UND WILD

In noch stärkerem Maße als Hausgeflügel galt Wildgeflügel als Sonn- und Festtagsspeise. Dementsprechend gab es bei einem Festmahl des reichen Nürnberger Bürgers Christoph Scheuerl zu Ehren Philipp Melanchthons im Jahre 1525 neben gebratenem Kapaun auch Rebhühner und Vögel. In größeren Städten bot der lokale Markt Wildgänse, Wildenten, Auer- und Haselhühner, Schnepfen sowie Birk- und Rebhühner an.

Nach Ausweis der Knochenfunde wurden im Elterhaus Martin Luthers das *Rebhuhn* und das *Birkhuhn* verzehrt. In den Kochrezepten erscheint das gekochte Rebhuhn, ganz oder geviertelt, in Brühe oder in mit Blut versetzter Pfefferbrühe. Daneben findet sich das gebratene Reb- oder Birkhuhn, z. B. gereicht mit Leberpfeffer- oder schwarzer Fruchtsoße (↓ RNr. 11, 12). Noch hochwertiger war die Zubereitung im Teigmantel oder in der Pastete.

Weitaus häufiger ließ man sich im Haus des Hüttenmeisters Luther jedoch die kleinen Wildvögel munden: *Buchfink, Rotkehlchen, Goldammer, Dorngrasmücke, Rotschwänzchen* sowie *Singdrossel* (Abb. 17). Abgesichert durch die besonderen Bergfreiheiten war der Vogelfang in den Harzer Montanregionen weit verbreitet. Eine Lockpfeife aus der Abfallgrube deutet sogar darauf hin, dass auch ein Mitglied der Hausgemeinschaft – womöglich Hans Luther selbst – mit Schlingen, Leimruten und Schlagnetzen in den Herbstmonaten auf Vogelwaid ging. Zeitgenössische Kochrezepte sprechen nur kursorisch von »klainen walt vogelein« oder »wild vogel«. Auf die Art kam es dabei also offenbar nicht besonders an. Lediglich der Braunschweiger Hofkoch Rontzier diktierte Gerichte speziell für »*Krambsvögel und Weindrosseln*« oder »*Lerchen, Fincken und andern kleinen Vögeln*«.[14] Wie gängig diese Speise war, zeigt zum einen die Tatsache, dass im Jahr 1540 die gräfliche Küche in Wernigerode 2250 Kleinvögel kaufte, zum anderen die vielfältigen Zubereitungsarten für Vogelfleisch – etwa als Vogelfleischsülze, als Fleischklößchen, als Fülle in Krapfen, in ausgehöhlten Graubroten, Vögel gekocht zusammen mit Roggen oder Weizenkörnern sowie in Fleisch- und Apfelbrühe, darüber hinaus gebratene Vögel gefüllt oder ungefüllt, auch mit Leberpfeffersoße (↓ RNr. 11), zudem als Vogelpastete. Einfachste Zubereitungen, z. B. gekocht mit Roggen, ähnlich wie das Rindfleisch für Arbeiter, mögen dafür sprechen, dass Vögel im bürgerlichen Haus auch am normalen Fleischtag auf den Tisch kommen konnten. Dass diese Speise im Elternhaus so gängig war, prägte mit Sicherheit den Geschmack des Reformators, der Vögel auch später als »*gutes Gericht*« schätzte.

Ein besonderer Stellenwert kommt im Mansfelder Fundkomplex dem Schnabel eines *Reihers* zu. In der überlieferten Kochbuchliteratur kennt man ihn als gebratenen Vogel, der mit allerlei Beiwerk oder wieder mit Federn besteckt als Schaugericht »*für … herren*« auf die Tafel kam. Dabei ist es erstaunlich, dass er bei höheren Ständen als Delikatesse galt, denn ein Rezept gibt an, der widrige Geschmack des Fleisches müsse durch Einlegen in Essigwasser bekämpft werden. Dessen ungeachtet ließ sich 1444 der Bischof von Passau – nach einem Bericht des Italieners Piccolomini – Reiher neben Hochwild zum Frühmahl schmecken. Bei dem Händler Ulrich Mostl aus Regensburg reichte es nur für Reiherwurst.

Bei Martin Luthers Eltern gelangte vereinzelt noch Wildbraten in Form von *Feldhasen* auf den Festtagstisch. Ähnlich unbedeutende Wildtieranteile sind durchaus auch für andere städtische Fundkomplexe charakteristisch. Es verwundert deshalb nicht allzu sehr, dass derartige, teure »*Herrenspeise*« in bürgerlichen Kreisen nur zu besonderen Anlässen zubereitet wurden und lediglich vereinzelt in deren Rezeptsammlungen Eingang fanden. Entsprechend erscheinen darin mit dem Wildhasen im Teigmantel und der Pastete hochwertige Verarbeitungsweisen (↓ RNr. 2). Gerade hier merkt man, was Martin Luther von Haus aus gewohnt war. Mehrfach äußerte er seine geringe Wertschätzung des Wildes, so freute er sich »*… über das aufgetragene Schweinefleisch, das alles Wild übertreffe und (auch) von den sächsischen Fürsten dem Wild vorgezogen werde*«.[15]

SÜSSWASSERFISCH

Von der Wohlhabenheit der Familie Luthers zeugen die vielen Fischreste aus der Mansfelder Abfallgrube, speziell von Süßwasserfischen (Abb. 18). Bestimmen ließen sich große Raubfische wie *Hecht, Flussbarsch* und *Zander,* daneben *Brassen, Aal, Karp-*

ABB 18 →
WIRBEL VON FISCHEN
AUS DER FAMILIE DER
KARPFENÄHNLICHEN.
GRABUNG AN LUTHERS
ELTERNHAUS IN
MANSFELD

← ABB 19
UNTERKIEFER EINES
ZANDERS.
GRABUNG AN LUTHERS
ELTERNHAUS IN MANS-
FELD

fen, *Plötzen* und *Rapfen.* Man bezog sie aus den Flüssen und Teichen der Umgebung. Luther bemerkte: »*Im großen Wasser fängt man große Fische, im kleinen Wasser gute Fische*«.[16] Sie waren in allen Regionen relativ teuer, galten als Herrenspeise und kamen in der Regel selten auf den Tisch. Die große Zahl entsprechender Belege im lutherschen Abfall könnte mit den Harzer Bergfreiheiten zusammenhängen. Als Hüttenmeister hatte Hans Luther wohl Zugang zum Fischbestand der Mansfelder Gewässer.

In der gehobenen Küche wurde Fisch als Entrée zum Fleischgang, bei wohlhabenden Handwerkern zu Hochzeitsessen aufgetragen. Was die Zubereitung angeht, so meinte Martin Luther »*Wein für die Toten, Wasser für die Lebenden. Das ist die Richtschnur für lebende und gekochte Fische*«. [17] Für Näheres erweist sich gerade die Rezeptsammlung der Augsburger Kaufmannstochter Philippine Welser als Fundgrube.

Der *Hecht* und der *Karpfen,* welche um 1470 beim Bischof von Speyer ausschließlich dem Herrentisch vorbehalten waren, wurden wie der *Aal* in unterschiedlichsten Würzbrühen gekocht – so im Wein- oder Petersilienwurzel-Sud oder einer mit Kirsche geschwärzten Soße. Hochwertiger in der Verarbeitung war der als Ganzes gedämpfte oder gebackene Hecht. Als eines der beliebtesten und am meisten geschätzten Gerichte des Mittelalters ist zudem die Hechtsülze (↓ RNr. 26) zu nennen, für die alternativ auch Karpfen verwendet werden konnte. Ähnlicher Beliebtheit erfreute sich die Pastete, deren Fülle u. a. aus Hecht, Karpfen oder Aal bestand.

Weitaus seltener haben sich Rezepte zu dem in Mansfeld nachgewiesenen *Barsch* überliefert. Bekannt ist zumindest, dass man ihn ähnlich wie Hecht in Mandelmilch garte. Damit bildete er das Fisch-Pendant des im Mittelalter so beliebten »*Blancmanger*«, dessen Hauptbestandteil Huhn war. Als Variante wird die angedickte Barsch-Mandelmilch-Masse als Füllung in einen »*Teigtopf*« gegeben und als »*Fladen*« aufgetragen (↓ RNr. 18). Er mundete durchaus auch kalt. *Brassen* kochte oder briet man den wenigen bekannten Rezepten zufolge als Ganzes (↓ RNr. 37). Ein einzelner Beleg spricht schließlich von gepökeltem *Zander* (Abb. 19). Zu etlichen weiteren Fischarten sucht man allerdings, ähnlich wie bei den Vögeln, spezielle Kochanleitungen vergeblich.

Da Fisch an Fastentagen als Ersatz für Fleischgerichte diente, erstaunt es nicht allzu sehr, dass sich auch die Zubereitungsarten gleichen.

SALZWASSERFISCH

1506/07 erwarb der auf dem Schloss über der Stadt residierende Graf Hoier IV. von Mansfeld *Hering.* Bereits ausgenommen und eingesalzen wurde dieser in Tonnen zu ca. 1000 Fischen in großem Maßstab und über weite Strecken verhandelt (Abb. 20). Dadurch war er im Norden Deutschlands fast das ganze Jahr über reichlich verfügbare Massenware. So konnte in den Abrechnungen eines großbürgerlichen Kölner Haus-

↑ ABB 20
DARSTELLUNG EINES
FISCHMARKTES.
J. BEUCKELAER,
DIE VIER ELEMENTE:
WASSER (1570)

halts schon einmal der Kauf von 11000 Heringen innerhalb von vier Jahren zu Buche schlagen. Angesichts dieser Zahlen erscheint die Häufigkeit entsprechender Überreste im Mansfelder Fundmaterial nicht mehr außergewöhnlich. Zudem galt Hering als die klassische Fastenspeise und als Fisch der unteren Schichten, der Tagelöhner und Bauern. Speyers Bischof Matthias v. Rammung brachte die geringe Wertschätzung denn auch auf den Punkt, indem er in seine Küchenordnung schrieb: »Heringe sollen nit für vische geachtet werden...«.[18]

Entsprechend einfach muten die wenigen überlieferten Rezepte an. Da ist die Rede von Heringsstücken in Mandelmilchlauch (↓ RNr. 17), also Fisch und »Kraut«, daneben von gekochten Salzheringen in Weinbrühe, aber auch »aus dem Wasser« genommenen – d. h. durch Wässern an Salzgehalt gemilderten – Heringen, die gebraten mit

Erbsmus gereicht wurden (↓ RNr. 13). Umso bemerkenswerter ist, dass dieser Fisch als Delikatesse des kleinen Mannes ein wohl im Elternhaus schätzen gelerntes Leibgericht Martin Luthers war.

Der in Mansfeld ebenfalls nachgewiesene *Dorsch* und Kabeljau wurden von Februar bis April gefangen und zu haltbarem Stockfisch verarbeitet. Geköpft, ausgenommen, aufgeklappt, getrocknet und eingesalzen, bedurfte er vor der eigentlichen Zubereitung zunächst einer besonderen Behandlung: »*Stockfisch klopfft man mürb / weicht in Regen oder Teig Wasser / gibt offt frisch Wasser darauff / lest in eine nacht vnd tag im Wasser liggen… «.*[19] Doch egal wie man es auch anstellte, der Stockfisch blieb »holtzecht«. Immer behält er eine gewisse Festigkeit, die durch langes Kochen lediglich verschlimmert und nur mittels heißer Butter gemildert werden kann. Dennoch erfreute sich der Stockfisch einer etwas höheren Wertschätzung und gelangte als Sonn- und Festtagsspeise auf den Tisch, auch in der Fastenzeit vor Ostern. Man gab ihn an Stelle von Fleisch in Suppen (↓ RNr. 14), reichte ihn zu Kraut oder in Pfeffer- und anderer Würzbrühe. Daneben kannte die »bessere« Küche auch den Braten mit einem ganzen Stück Stockfisch im Eierteigmantel, nicht zu vergessen die Stockfischpastete.

Die *Scholle* wurde in der Zuidersee und vor der holländischen Küste gefangen und für den weiteren Transport mit Salz eingepökelt. Im Binnenland kaufte man sie bevorzugt in den Sommermonaten, etwa von Mitte März bis September. Erklärt sich daraus vielleicht die geringere Häufigkeit ihrer Überreste in der Mansfelder Abfallgrube? Nur wenige Rezepte überliefern eine Zubereitungsart speziell für Scholle. Franz de Rontzier erwähnt die Möglichkeit, die Scholle im Sud zu kochen und sie wie Stockfisch mit Butter zu verfeinern (↓ RNr. 36).

← ABB 21 A
SAMEN VON MOHN.
GRABUNG AN LUTHERS
ELTERNHAUS IN
MANSFELD

ABB 21 B →
SAMEN VON FEIGE.
GRABUNG AN LUTHERS
ELTERNHAUS IN
MANSFELD

Zumindest einige der pflanzlichen Überreste aus dem Abfall des Lutherschen Haushalts lassen einen direkten Zusammenhang mit den Fastengeboten erkennen. Offiziell galt zwar nur bis 1491, dass in der Fastenzeit vor Ostern weder Fleisch, noch vom Tier Stammendes wie Schmalz, Milch, Butter, Käse oder Eier verzehrt werden durfte. Selbst wenn sich aber schon vorher eine gewisse Lockerung dieser Vorschriften bemerkbar gemacht hatte, ist mit einem Beharren auf alt Gewohntem zu rechnen und so belegen die Rezepte aus dem Leipziger Kloster ein Weiterleben dieser Gebräuche bis weit in das 16. Jahrhundert.

Gerade weil diesbezüglich besondere Kreativität in der Küche gefragt war, man sich mit Ersatzstoffen behelfen musste, nehmen entsprechende Rezepte in älteren Kochbüchern oft breiten Raum ein. Vielfach geht es dabei um Gerichte, die einen Milchersatz aus zerstoßenen Mandeln – die so genannte Mandelmilch – sowie gemahlenen Fischrogen als Ei-Ersatz für Teigwaren erfordern. Als Alternative zur importierten, teuren Mandel ließen sich vergleichbare Speisen aus *Haselnüssen, Mohn* (Abb. 21A) oder Hülsenfrüchten zubereiten. So kannte man Mandel-, Haselnuss- oder Mohnmilch, ebenso Mandel- und Erbsenbutter, daneben noch Hanf-, Mandel-, Haselnuss- und Mohnkäse (↓ RNr. 16). Von dieser Seite betrachtet wird verständlich, warum der kleine Martin hart bestraft wurde, als er unerlaubt von den wichtigen Vorräten naschte. So erzählte Luther: »… *Mein Mutter stäupet mich um einer eingen (einzigen) Nuß willen bis aufs Blut* …«.[20]

Das statt Schweineschmalz gebrauchte Mohnöl, ebenso noch Hanf-, Rübsamen- oder Leinöl bot man auf dem lokalen Markt an. Dort kaufte die Mutter in der frühen Kindheit des Reformators wohl in der Fastenzeit *Feigen* (Abb. 21B) als Fleischersatz. Als bemehlte Trockenfrüchte wurden sie wie Rosinen, Datteln und Mandeln aus dem Mittelmeerraum importiert. Gab es sie dann einmal, bestand eine Portion aus nur wenigen Stücken. Bei den Tegernseer Benediktinern z. B. aß man 1535 je sechs Feigen zu Kraut oder Suppe. Verschiedene Kochbücher schlugen auch eine frittierte Bratwurst aus Feigen vor (↓ RNr. 15). Herrschaftlicher, weil kostspieliger, galt ein aus diesen Früchten nach Art der Hohlbraten zubereiteter »*Rehbraten*«. Dem »*Leipziger Kochbuch*« zufolge soll ein frommer Bruder das Rezept für diese Leibspeise des Bischofs aus Palästina mitgebracht haben. »Einfachen« Leuten, für die derartige Leckereien unerschwinglich blieben, empfahl die »*Küchenmeisterei*« stattdessen Dörrbirnen im »*Pfeffer*«.

»Ein Schluck Wasser oder Bier vertreibt den Durst, …«.[21] So unkommentiert kann dieser Ausspruch Martin Luthers nicht im Raum stehen bleiben.

Vielfältige Möglichkeiten der Verunreinigung des »reinen« Wassers aus Brunnen und Fließgewässern machten dieses, zumal in einer Bergbaugegend, häufig ungenießbar. Wohl nicht von ungefähr bezeichnet das Ryffsche Arzneibuch von 1544 das mit wenig Gerste abgekochte Brunnenwasser als gängigen Trank des gemeinen Mannes und rühmt die besondere *»Kraft«* eines Gerstenwassers oder der Gerstenbrühe.

Erfahrungen ließen die Menschen auch gegenüber der Milch vorsichtig werden, die deshalb als Getränk kaum eine Rolle spielte. Bemerkenswerterweise äußert Meister Eberhard, der Landshuter Hofkoch dazu, Kuhmilch sei nicht so gesund wie Ziegenmilch. Auch solle man ein glühendes Eisen hineintauchen, bevor man sie trinkt – heute weiß man, dass das zur Abtötung der Tuberkuloseerreger geschah.

Eine gewisse Rolle bei den Getränken spielte frisch gepresster Most, daneben kannte man verschiedene Fruchtweine. So wurde z. B. 1535 im Kloster Tegernsee selbst gemachter Salbei- sowie Apfel- und Birnenwein getrunken.

An Festtagen füllte Vollbier und Wein den Becher auch der einfachen Leute (Abb. 22). Im Übrigen war jedoch um 1500 der beliebteste alltägliche Durstlöscher das billige Dünnbier *(»Keut«, »Kovent«),* ein Pro-Kopf-Verbrauch von 300 Litern im Jahr war nicht ungewöhnlich. Es gab also, wie Hans Sachs (1563) überliefert, feine Unterschiede: *»Der Schuster… trank auch all Tischzeit… zwo Maß hamburgisch Bier, sein Knechten setzt ein Kovent dar«.*[22] Neben einheimischem Gerstensaft wusste man demnach durchaus importiertes Bier aus der Ferne zu schätzen. In seiner direkten Art bemerkt Martin Luther deshalb: *»…wir nehmen dafür (zum Trinken) gutes Torgauer Bier und guten rheinischen Wein …«.*[23]

Auch beim Wein gab es natürlich hinsichtlich der Qualität- oder Wertschätzung Abstufungen. Einfacher einheimischer Rebsaft war oft schlicht sauer. Er ließ sich mit Hilfe von Kirschextrakt (Fruchtmus) aufwerten. Der Genuss der teuren, von weit her importierten Sorten blieb selbstverständlich den hohen Feiertagen und einkommensstarken Kreisen vorbehalten (↓ RNr. 5). Eine Vision des Schlaraffenlandes nennt denn auch zwei der Anfang des 16. Jahrhunderts hochgeschätzten Weine aus Istrien und Griechenland: *»Und welcher noch bass trinken mag, dass er sich füllet alle Tag mit brennten Wein, Met unde Bier, mit Reinfall und mit Malvasier… derselb mag wohl ein Fähndrich sein…«.*[24] Der in der Aufzählung genannte Met war zu dieser Zeit allerdings schon in vielen Gegenden sehr aus der Mode gekommen, Branntwein hingegen wurde bis Ende des 15. Jahrhunderts nur von Klöstern und Apotheken destilliert. Der teure Trunk galt als universelles Therapeutikum, als *»Aqua vitae«* (Lebenswasser). Ein Traktat der Zeit empfiehlt »...*Wer ihn alle Morgen nüchtern trinket, ... der wird nicht sich (krank)...*«.[25]

Ebenfalls für gesundheitsfördernd hielt man, wie schon zu Zeiten der Römer, den Würzwein. Dazu wurden dem Rebsaft vor oder nach der Gärung Kräuter, Blumen, Wurzeln oder Früchte, getrocknet oder auch frisch, zugemischt. Mit Importgewürzen und Zucker versetzter Rotwein nannte sich »*Hippocras*«, Weißwein mit Gewürzen oder Kräutern sowie Honig »*Claret*«, der nach Ryff besonders in »*Sachsen und im Norden*« beliebt war.

↓ ABB 22
BIER- UND WEINGENUSS
IN GESELLIGER RUNDE.
J. S. VAN HEMESSEN,
DER VERLORENE SOHN
(AUSSCHNITT, 1536)

BREGHEL 1559   PRVDENCIA

AUFBEWAHRUNG UND KONSERVIERUNG

Allgemein galt im Mittelalter die Anweisung des Meisters Hans »… *du solt kochn nach des jars zeit*…«,[26] denn nicht zuletzt pflanzliche Lebensmittel standen nur zu bestimmten Zeiten zur Verfügung. Aber man wusste sich auch ohne Kühltruhe das Jahr über zu helfen.

In der Bütte aus Holz ließ sich an einem kühlen Ort das in Salzlake konservierte Fleisch von *Schwein, Rind* und Hammel aufbewahren (Abb. 23). Des Weiteren konnten die Fleischwaren getrocknet, geräuchert oder zu Würsten verarbeitet werden.

Eingesalzene *Heringe* kaufte man in der Holztonne, in der sie auch weiterhin zur Aufbewahrung verblieben. Daneben waren gepökelter Lachs, *Hecht, Barsch* oder *Aal* durchaus geläufig.

Ab dem Spätmittelalter kannte man außerdem das Einsalzen von Gemüse im Holzbottich, also eine Milchsäuregärung wie beim Sauerkraut. Daneben legte man dieses in Essig oder in »*Agraz*« ein (kumpost). In gleicher Weise behandelte Früchte kamen in ein »*spuntlechelen*«, ein Fässchen aus Tannenholz. Auch mit Honig eingekochte und so konservierte Früchte (Latwerge) waren im Holzfass übers Jahr aufzuheben.

Unter Luftabschluss blieben ferner im Fass aufbewahrte *Fischsülze*, in Pfefferbrühe eingelegte Braten von *Geflügel* oder Fisch sowie die mit Sülzleim konservierten *Weintrauben* genießbar.

Gleichbleibend kühl und gut belüftet lagerten im Keller zudem Äpfel in geflochtenen Hürden auf Stroh gebettet, im trockenen Sand des Bodens vergrub man Wal- und *Haselnüsse.* Die Beschreibung eines Bürgerhauses von 1531/32 berichtet außerdem davon, dass in einer Kammer oben im Haus Töpfe mit unterschiedlichem Inhalt stehen.

Bildunterschriften aus der »*Küchenmeisterei*« verraten, dass man Milch, Sauermilch sowie Butter in größeren *Standbodentöpfen* aufhob, welche durch Scherbenreste auch in Mansfeld belegt sind. Getrocknetes und im Ofen Gedörrtes, wie etwa Kirschen, bewahrte man im bürgerlichen Haus in Körben oben auf dem Fruchtboden auf. Manche Stadtordnungen geboten zudem jedem, der es vermochte, dort (»*auf sein poden*«) genügend Korn (*Roggen*) für ein Jahr zu schütten.

← ABB 23
EINSALZEN VON FLEISCH.
STICH VON PH. GALLE
NACH P. BRUEGHEL D.Ä.,
PRUDENTIA (UM 1559)

BESONDERE ZUBEREITUNGSWEISEN

Manches an der Zubereitung mittelalterlicher Gerichte erscheint uns heute etwas merkwürdig. Wie beim Thema Würzen steckt jedoch auch hier ein handfester Grund dahinter. So gilt das Zerkleinern und wiederholte Garen der Zutaten als Charakteristikum der mittelalterlichen Küche. Mehrmaliges und damit langes Erhitzen, wie auch das Abkochen des Fleisches vor dem Braten, im »*Rheinfränkischen Kochbuch*« etwa für Spanferkel (Abb. 24) beschrieben (↓ RNr. 19), dürften nicht zuletzt mit hygienischen Befürchtungen erklärbar sein. Dem damaligen Beobachter war der Zusammenhang zwischen Erkrankung und Aufnahme bakteriell verunreinigter, unzureichend gekühlter Lebensmittel gerade tierischer Herkunft offenkundig.

Bereits Gegartes wurde bei Bedarf im Mörser noch weiter zerkleinert, um daraus Klößchen oder Füllen für Krapfen, Fladen oder Pasteten herzustellen. Eine Besonderheit ist die wieder aufgefüllte Tierhaut. Mit »*schenen*«, den eingangs erwähnten Hölzchen, enthäutete man ein Huhn, auch Hecht oder Aal (↓ RNr. 25). Bei letzteren löste man das Fischfleisch heraus, garte es und entfernte die Gräten, um das Ganze mit weiteren Zutaten als Fülle wieder in die Haut zu geben und als »*vollständiges*« Tier nochmals zu garen. In Stücke geschnitten war der gefüllte Aal dann leicht, ohne lästige Gräten, zu essen. Bei Fleisch empfahl sich dieses Vorgehen wegen der seinerzeit weit verbreiteten schlechten Zähne wohl besonders.

Mit Brät aus Rohem oder Gegartem umhüllte man auch die Holzspieße, um sog. Hohlbraten herzustellen (↓ RNr. 6). Daneben konnte aus diesem Ausgangsmaterial täuschend echt auch ein Hühnerbein um den entsprechenden Knochen oder um ein echtes Rehbein eine falsche Keule aus Rindfleisch modelliert werden. Das Bedürfnis, Einschränkungen scheinbar zu umgehen – gerade auch in der Fastenzeit – und die Freude am Spiel mit Formen und Farben leiteten oftmals den mittelalterlichen Koch. Eine Masse wurde z. B. in speziell dafür vorgesehene zweischalige Holzformen gefüllt, die zusammengebunden in den Kessel gehängt wurden. Je nach Tag konnte so z. B. ein großer Krebs einmal aus Fisch, Ei oder Fleisch entstehen. Derlei Gebildspeisen und andere Schaugerichte waren natürlich an der gehobenen Festtafel eine besondere Attraktion. Als einfachstes Formmodel dienten aber schon die Eierschalen. Bei den in den

Kochbüchern überaus beliebten »*Kroseiern*« vom Spieß wurde die gegarte und gewürzte Eimasse wieder eingefüllt und alles nochmals gebraten, so dass die Form erhalten blieb. Als Variante erscheinen die mit grüner oder gelber Eiermasse wiederbefüllten »*Königs-eier*« (↓ RNr. 20).

Speisen einzufärben war eine Besonderheit der Festtagsküche. An der bürgerlichen Hochzeitstafel in Braunschweig konnte z. B. eine Burg aus vielfarbigem Teig aufgetragen werden. Gerade die höfischen Kochbücher behandeln ausgiebig, wie und womit Essen farbig zu gestalten war – bis hin zum heute wieder beliebten Vergolden. Eine Grüntönung erreichte man mit Petersilie oder einem Weizenährenbüschel, Blau mit Veilchen, Akkelei oder Kornblume, Gelb in erster Linie mit dem sehr teuren, aus Italien und Spanien stammenden Safran. Die »*Niederdeutsche Krudtlade*« beschreibt, dass arme Leute stattdessen die Blütenblätter des selbst angebauten wilden Gartensafrans, der Färber-Distel (Carthamus tinctorius L.), in die Speisen mischten. Mit Safran gelb gefärbten »*Potthast*« (Fleisch mit Würzbrühe) gab es im Münsteraner Magdalenen-hospital an den vier Hochfesten des Jahres. In Augsburg schätzte man wiederum gelb gefärbte Würzbrühe gerade zu hochwertigem Süßwasserfisch. Auch die bereits erwähnte gefüllte Aalhaut gab es in gelber Brühe. Die Lust an der Farbe konnte aber ebenso schon mit grüner Kräutersoße, schwarzer Fruchtbrühe oder schwarzem Mohnkäse in weißer Nussmilch (↓ RNr. 16) befriedigt werden.

Im Metallmörser als ältester metallener Backform bereitete man die im Spätmittelalter ausgesprochen beliebte gebackene Eiermasse. In der einfachsten Version gab es sie lediglich mit Petersilie gewürzt. Sie konnte jedoch auch mit Semmelmehl (↓ RNr. 5) oder mit Brötchenstücken angereichert, z. T. auch versetzt mit Fleisch- oder Innereienbröckchen (↓ RNr. 35) auf den Tisch kommen. Gestürzt behielt das so Gebackene die hohe Form des Mörsers bei und stand käseglockengleich auf dem Auftragteller. Auf historischen Darstellungen lässt sich der »*Mörserkuchen*« deshalb eindeutig identifizieren, selbst im bäuerlichen Milieu. Man aß diesen zusammen mit Brot und einer flüssigen Speise oder aber mit Schinken, der vornehmlich zum Abendessen gereicht wurde (Abb. 25).

← ABB 25
GEDECKTER TISCH
MIT MÖRSERKUCHEN.
J. JANCZ, DIE HEILIGE
FAMILIE (UM 1500)

Den Geschmack eines fertigen Gerichtes bestimmen in hohem Maße die verwendeten Würzmittel. Die Durchschnittsbevölkerung griff um 1500 in erster Linie auf einheimische oder selbst angebaute, vielfach selbst hergestellte Würzen zurück. Hier wären zunächst Senf sowie Wein-, Bier- und Obstessig zu nennen. Der »*Agraz*«-Essig aus säuerlichem Obst gelangte als Würzsoße zu *Fisch,* gebratenen *Hühnern* sowie *Schaf*bra*ten* auf den Tisch, was nach den gefundenen Speiseresten durchaus in Martin Luthers Elternhaus denkbar wäre. Darüber hinaus benutzten viele Menschen natürlich die einheimischen, häufig im eigenen Garten gezogenen Kräuter. Um sie das ganze Jahr zur Verfügung zu haben, stellte man nach der Beschreibung des Württemberger Hofkochs Meister Hans ein Instantpulver aus gedörrten und zerstoßenen Gartenkräutern für eine grüne Soße her. Dazu wurde auch niederdeutschen Quellen zufolge insbesondere Salbei, Petersilie und Knoblauch verwendet. In der Küche der Mansfelder Luthers würzte man nachgewiesenermaßen mit *Dill* (Abb. 26). Nach dem »*niederdeutschen Kochbuch*« trug man im Salzsud gekochten Barsch mit *»grünem Samen«* überstreut auf, der wohl von Dill oder Petersilie stammte. Dies galt als Alternative zu dem teureren Ingwer, der über Venedig importiert wurde. Diesen Würzen sprach man die gleichen Eigenschaften zu, nämlich *»warm und trocken«.* Sie waren Ausgleich für das *»Kalte und Feuchte«* beim Fisch. Die Grundlage dieser Anschauung bildete die aus der Antike überkommene, dann bestimmend für die mittelalterliche Medizin durch Galen (129 – 199 n. Chr.) weiterentwickelte Vier-Elementenlehre.[27] Danach müssen die Körpersäfte auch beim Essen in Einklang gebracht werden. Deshalb zeichnet sich gerade die gehobene Küche durch einen regen Gebrauch von Importgewürzen, insbesondere Ingwer, Galgant, Safran und Zimt aus. Auch Lebkuchen wurde aus diesem Grund als Mittel der Krankheitsabwehr angesehen. Entsprechend mischte man ihn in Soßen (↓ RNr. 26). Das Würzen folgte anderen als den uns heute geläufigen Kriterien. Als Relikte kennen wir noch mit Zimt überstreute Äpfel. Damals wie heute oblag es dem Können des Kochs, die richtige Menge der Würze zu bestimmen. Im Mittelalter galt dies in noch weit stärkerem Maße, da man in den historischen Rezepten genaue Angaben vermisst. Dazu hieß es nur lapidar *»mach ... ab zu rechter masse. mit wurtzen. und saltz. ...«.*[28]

← ABB 26
DARSTELLUNG DER
DILLERNTE. TACUINUM
SAN TATIS (1474)

DER SPEISEPLAN — EINE FRAGE DER SOZIALEN STELLUNG UND VIELER REGELN

Im Spätmittelalter setzte man sich zu zwei Hauptmahlzeiten an den Tisch (Abb. 27). Je nach Sonnenstand im Jahreslauf wurde das Morgenmahl ca. 3 ½ Stunden nach Sonnenaufgang (9 – 11 Uhr), das Nachtmahl etwa 1 ½ Stunden vor Sonnenuntergang (17 – 19 Uhr) aufgetragen. Letzteres fiel weniger üppig als das Frühstück aus, zu dem z. B. sächsische Werkleute im Jahre 1482 vier bis fünf Speisen und ein Getränk gereicht bekamen. An längeren Tagen konnten ein oder mehrere Zwischenmahlzeiten (Morgensuppe, Abendbrot, Nachttrunk u. ä.) hinzukommen.

Entsprechend den wirtschaftlichen Möglichkeiten des Haushalts konnte die wöchentliche Abfolge von Fleisch- und Abstinenztagen differieren. Wichtiges Statusmerkmal im Bereich Ernährung war schließlich der Fleischkonsum. In einfachen Verhältnissen beschränkte sich dieser auf die sonntägliche Fleischmahlzeit, konnte in vermögenderen Kreisen auf drei Tage und in gut situierten Haushalten sogar auf fünf Tage pro Woche gesteigert werden. Typische Fleischtage waren Sonntag, Dienstag und Donnerstag, fallweise kamen Montag und Mittwoch noch hinzu. Fleischkost an drei Tagen der Woche wird sich sicher auch der gut situierte Hüttenmeister Luther geleistet haben.

Eine bedeutende Einschränkung dieses Speiseplans ergab sich aus der Tatsache, dass etwa ein Drittel des Jahres als Fasttage zu halten waren. Dazu gehörte immer der Freitag und regional unterschiedlich der Samstag oder auch der Mittwoch. Völlig fleischlos ernährte man sich die 40 Tage vor Ostern, in der »*Quadragesima*«. Vierteljährlich gab es zudem das Quatember-Fasten in der ersten Fasten-, der Pfingst-, der dritten September- und dritten Adventswoche. Im Spital in Wismar tradierte sich bis 1599 sogar ein 28 Tage währendes Adventsfasten. Sonstige Fastentage waren Vorabende bedeutender Heiligenfeste sowie drei Tage vor Christi Himmelfahrt.

Im Hinblick auf weltliche Festtage konnte sich zudem eine gewisse Einschränkung aus den Luxusordnungen ergeben. Diese reglementierten teilweise die Zahl der Gänge und Getränke, verboten manchmal aber auch bestimmte teure Speisen ganz. In Nürnberg war deshalb z. B. bei bürgerlichen Hochzeiten der Verzehr des in Mansfeld nachgewiesenen *Reb- und Birkhuhns* verboten und den Ausrichtern des Festes nur ein gebratener Masthahn pro Tisch zugestanden.

← ABB 27
BILDNIS EINES STARK
STILISIERTEN GEDECKTEN
TISCHES.
M. VAN HEEMSKERCK,
FAMILIENPORTRAIT
(AUSSCHNITT, UM 1530)

Ein Beispiel für das Imitationsstreben der bürgerlichen Oberschicht ist ein 1500 aufgetischtes Festmahl im Hause des Frankfurter Stadtschreibers Ambrosius Dietherich: [29]

1. *Erdbeeren* mit Zucker
2. junge *Hühner*
3. *Hammelfleisch* gedämpft mit Rosinen, Zibeben und Muskat
4. gesottenes *Schaffleisch* mit süßem Topfen
5. gebratene *Hühner*
6. gebratene Hammelkeule
7. eine halbe *Gans* in Sauce
8. Käse und *Kirschen*

Diese Speisenfolge umfasst ähnliche Speisen, wie sie auch im Elternhaus Luthers nachweislich gegessen wurden. Das Mahl kann aber dem Vergleich mit der festlichen Küche des Adels nicht standhalten. Die Gänge sind einfacher gehalten, der Aufwand an Zutaten bleibt reduziert, ein Gegengewicht zum prestigeträchtigen Wildbret fehlt.

DIE TAFEL

Schon die geborgenen Speisereste erwecken den Eindruck, dass man sich in Martin Luthers Elternhaus durchaus etwas leisten konnte, wenn auch »nur« auf gutbürgerlichem Niveau. Diese Einschätzung unterstreichen die Funde aus der Abfallgrube, die sich als Tischgeschirr ansprechen lassen (Abb. 8). Bis auf wenige vergängliche Stücke aus Holz oder Horn sowie eventuell ehemals vorhandenes Zinngeschirr ist das unter diesen Umständen für die Zeit um 1500 zu erwartende Formenrepertoire vorhanden.

Im Gegensatz zu einem bäuerlichen Haushalt zierte bei Hans Luther deshalb wohl ein Tischtuch mindestens die sonntägliche Tafel. Dieses musste durchaus anstatt eines Tellers häufig als Unterlage für Pastetenstücke und das Brot herhalten. Die mit einem *großen Messer* (»Schnittmesser«) – aber bitte nicht vor der Brust – abgeschnittene Brotscheibe diente ihrerseits als Tellerersatz für Bratenstücke, ja sogar ganze, allerdings kleine Vögel. Neben diesem auch bei städtischen Festmählern benutzten »telerbrot« gab es runde oder viereckige hölzerne Platten (»Bricken«), die noch im gesamten 16. Jahrhundert in wohlhabenden Bürgerhäusern im alltäglichen Gebrauch waren. Für flüssige

Speisen gehörten um 1500 Holzteller für den Einzelnen, selbst im bäuerlichen Milieu (Abb. 29), ebenfalls zum Ausstattungs-Standard. Zinnteller bürgerten sich dagegen erst im Laufe des 16. Jahrhunderts ein.

Zum Auftragen der Speisen im Lutherschen Haushalt dienten *Vorlegeteller* und *Schüsseln* (»schottelen«) aus der um 1500 allmählich gebräuchlich werdenden, auf der Innenseite glasierten Irdenware. In wie weit man auch schon die seinerzeit ebenfalls »neuen« Zinnschüsseln besaß, muss offen bleiben. Auf diesem Geschirr wurden jedenfalls leicht wegzunehmende Stücke oder Scheiben von Klößen oder Braten arrangiert. Entsprechend den in Mansfeld geborgenen Formen zeigen Holzschnitte aus der *»Küchenmeisterei«* flache Teller mit breiter Randzone, worauf z. B. Fische oder halbe Eier sowie gebratene Leberstücke lagen. *»Galrey«*, d. h. Sülze, kam in einer etwas tieferen Tellerform auf den Tisch (Abb. 28).

Soße oder Tunke, die v. a. zu gebratenem Fleisch oder Fisch, aber auch zu Sülze gereicht wurde, servierte man extra in der *»Salsenschüssel«,* so etwa Lebkuchen- oder

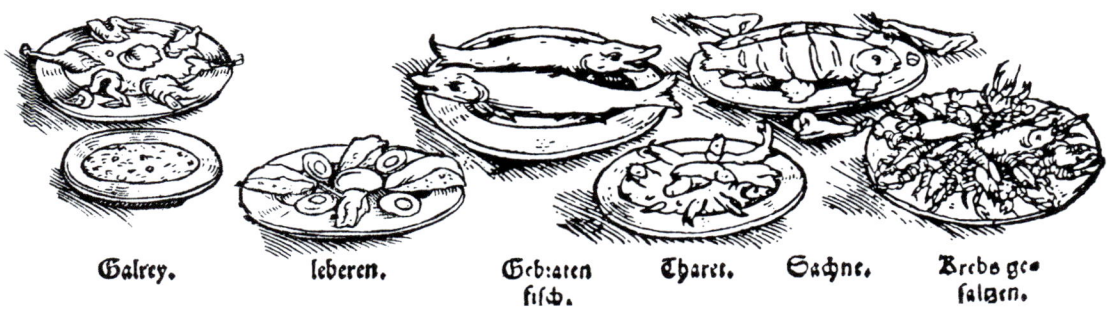

Galrey. leberen. Gebraten fisch. Tharet. Sachne. Krebs gesalzen.

Weichselkirschsoße (↓ RNr. 26 u. 28). Aufschlussreich ist dabei der synonyme Gebrauch der Begriffe Senf- und Saucenschüssel. Da ein solcher *»salser«* etwa eine Hand hoch und eine Hand weit sein sollte, entspricht er etwa den aus der Mansfelder Abfallgrube geborgenen tiefen, mittelgroßen Schüsseln, die innen glasiert und außen aufwändiger mit Riefen verziert waren.

Holzschnitte mit Bildunterschriften aus der *»Küchenmeisterei«* verraten schließlich auch den Verwendungszweck noch kleinerer *Näpfe* mit Standboden oder Fuß: In ihnen wurden Haselnüsse aufgetragen, z. B. an Ostern bei den Benediktinern in Tegernsee zusammen mit Äpfeln. Dies also ist die *»Labung«,* zusätzliche Schleckereien, zu denen ein Bürger in einer Dichtung von Hans Sachs »*Zucker, Rosin(en), Mandel und Feigen*« zählt.[30] Je vermögender der Hausherr, desto häufiger handelte es sich dabei um Importwaren. Entsprechend reichte man im vornehmen Haus Gewürze wie Anis oder Kardamon zur Abrundung eines Mahls, wobei hier der »*krudenap*« durchaus auch aus Metall gefertigt sein konnte.

Zum Abschluss eines Mahls war der Käse zu reichen. Das Würzburger Kochbuch beschreibt in diesem Zusammenhang, dass der Fastenkäse zunächst in einem Tuch auf Stroh ablaufen musste, danach in einen ebenfalls kleinen (irdenen) Napf kam, um aus dieser Form gestürzt auf dem Teller aufgetragen zu werden.

Stand nun ein Gang des Mahles auf dem Tisch, galt es im kleineren Rahmen offenbar, die Speise mit der Hand zu verteilen. So ließ Martin Luther in der Fabel von Löwe, Fuchs und Esel letzteren das aufgetragene Wildbret zu drei Teilen machen. Johann Holstein, ein Tischgänger Luthers berichtete »*Man sehe es einem an den Händen an, wenn einer… kostfrei… wäre…, denn man muß (das Essen) mit der Hand ausgeben*«.[31] Der Inhalt einer Auftragschüssel war hier für sämtliche Tischgenossen bestimmt. Nur in gehobenen Kreisen bedienten sich daraus zwei Personen, vornehm mit nur drei Fingern. War man wohlerzogen, hatte man zuvor auch die Hände gewaschen.

Mit Brotschnittchen in den Fingern tunkte man zudem die im »*salser*« gereichte, eingedickte Soße, nicht zuletzt den Schlehenessig (↓ RNr. 37). Erst um Suppe oder Mus zu essen, nahm man einen Löffel aus dem Löffelkorb oder Futteral. Dieser war im bäuerlichen Milieu aus Holz geschnitzt (Abb. 29). Selbst reiche Haushalte, wie der des Speyerer Bischofs, nannten nur wenige Metalllöffel ihr Eigen.

Daneben galt das *Messer* als wichtigstes Esswerkzeug. Auf dessen Spitze spießte man die Stücke der Speisen und zerschnitt sie auch in mundgerechte Teile. Ein Gedeckmesser in unserem heutigen Sinne gab es aber noch nicht. Bis ins späte 16. Jahrhundert trug üblicherweise jeder sein Essmesser ständig am Gürtel. Dieses musste also dem Stand des Trägers entsprechend gefertigt sein. In diesem Sinne könnte unter den im Elternhaus Martin Luthers gefundenen Messern den Kindern eher ein zierliches Messer mit vernieteten Holzgriffplatten zukommen, während den Eltern die beiden aufwändigen Messer mit kronenartig ausgestalteten Knochengriffplatten anstanden.

Ein uns heute alltäglicher Gegenstand galt indes als höchst suspekt. Martin Luther drückte es 1518 so aus: »*Gott behüte mich vor Gäbelchen*«.[32] In einer größeren zweizinkigen Ausführung benutzte man sie deshalb lediglich zum Tranchieren, kleinere silberne Exemplare an luxuriösen Tafeln zum Aufspießen von Konfekt.

Insbesondere gut gewürzte Speisen machten durstig (Abb. 30). Auch Luther bekannte »*…so kann er (Gott) mir ja das wohl zugut halten, dass ich beiweilen einen Trunk tu, ihm zu Ehren*«.[33] In seinem Elternhaus hatte man als Trinkgeschirr für den Alltag einfache *Becher* und *Krüge* aus grauer oder weißer Irdenware in den typischen Formen des Spätmit-

telalters, wie u. a. die beutelförmige *»Krause«*. In einem solchen *»krúselin«* ließ sich einem Straßburger Kochbuch zufolge auch Wein nach Art des Glühweins erhitzen. Für Rebsaft aus den nahen Anbaugebieten, etwa am »Süßen See« bei Eisleben, waren wohl auch *Gläser* wie die »Krautstrünke« bestimmt. Aus hohen Stangengläsern ließ man sich wiederum eher das süffige Bier munden. Als Schenkgefäße diente z. B. eine irdene Flasche als Nachahmung niedersächsischen Steinzeugs und ein größeres Gefäß in Faststeinzeugqualität aus dem in der Dübener Heide liegenden Töpfereizentrum Bad Schmiedeberg.

Den festtäglichen, besseren Wein trank man dagegen im gutbürgerlichen Haus mindestens aus Zinnbechern. Der Saalfelder Bürgermeister, aber auch Pfründner des Hospitals in Markgröningen benutzten sogar silberne oder zumindest versilberte Trinkgefäße.

In Truhen und Laden im Schlafzimmer der reichen Bürger sicher verwahrt, holte man diese Prunkstücke allerdings nur zu Festessen hervor. Im Mansfelder Lutherhaus benutzte man nach Ausweis der Fundstücke eher Kannen, Flaschen und Krüge aus verziertem echtem Waldenburger Steinzeug. Aus dieser sächsischen Töpferstadt stammen auch die beiden Scherzgefäße in Igelform, die als Zier der festlichen Tafel gedacht waren.

Doch nicht nur entsprechende Speisen und Getränke sowie das Tafelgeschirr demonstrierten die soziale Stellung eines Haushalts. Auch auf das Benehmen kam es an! Was heute der »Knigge« ist, hieß in vergangenen Zeiten »Tischzuchten«. Schon im Spätmittelalter waren die Normen der Höflichkeit bei Tisch Gegenstand des Imitationsstrebens nichtadeliger Schichten geworden. Eine vom Beginn des 16. Jahrhunderts überlieferte »Kinderzucht«[34] wendet sich an junge wohlhabende Leute:

»Mein Kind, versteh und merk dir eben, …
Dein Kleid sei sauber, rein und fein,
Gesicht und Hände sollen gewaschen sein. …
Kratz nicht dein Haupt, wenn man es sieht, …
Höflicher Sitten dich befleiß, …
Bereit den Tisch mit Wein und Brot,
Salz, Teller, Wasser sind auch not.
Schmatze nicht so wie ein Schwein,
deine Hände und Mund sollen sauber sein …
Am Platz, da man dich setzet dran,
da setz dich hin, 's wohl getan. …
Höfisch mit dreien Fingern iß,
und nimm nicht gar zu große Bissen. …
Was dir am nächsten liegt, das iß,
klaub nicht heraus die guten Bissen, …
So du ein Stückchen hast gespießt,
stoß es nicht wieder in die Schüssel. …
mit dem Messer schab,
und leg's vor dich oder auf den Plan (Tellerbrot), …
wisch den Mund am Tuch, nicht an der Hand.
Und so du trinkst, so merk zur Stund,
daß keine Speise sei im Mund.
So du getrunken hast und gegessen,
das Danken sollst du nicht vergessen.
Wenn du aufstehst, so sprich zur Stund:
Lob sei Gott, von dem es kommt«

↑ ABB 30
GÄNSEBRATEN, BROT
UND WEIN.
HIERONYMUS BOSCH,
DIE SCHLEMMEREI
(AUSSCHNITT, UM 1440)

2. Rezeptsammlung

Sind Ihnen nach der Lektüre der Einleitung Zweifel gekommen, dass derartige Speisen in Ihrer modernen Küche zuzubereiten sind?

Keine Angst – nachfolgende Rezeptvorschläge wurden mit einer ganz normalen Küchenausstattung ausprobiert. Um dem mittelalterlichen Kochprinzip nahe zu kommen, wäre ein Herd mit Umluftgrill von Vorteil. Weitere Hilfsmittel lassen sich problemlos im Haushaltswarengeschäft besorgen. Für einige Zubereitungen erwies es sich z. B. als hilfreich, ein großes Haarsieb, etwa für das Pürieren von kernhaltigen Früchten, zur Hand zu haben. Ansonsten kam der Pürierstab zum Einsatz. Füllungen aus Fleisch oder Fisch wurden mit dem Fleischwolf bereitet. Trockene Zutaten lassen sich mit einer Reibe, in größeren Mengen einfacher mit der elektrischen Kaffeemühle fein mahlen. In Einzelfällen benötigt man darüber hinaus einen Dampftopf, ein sauberes Baumwolltuch, Schnur, Nadel und Faden sowie einen Holzstab (Ø 2 cm).

So gerüstet steht der kulinarischen Zeitreise nichts mehr im Weg!

* SO WIE ES DIE ROT HERVORGEHOBENEN MANSFELDER FUNDE NAHE LEGEN

Ifs gens Martini, mach würst Nicolai

Ifs Blasi lemper, häring occuli mei semper

Ifs aer Pasche, Erdper Johanis Baptiste

von kitzin carnis seindt guet pentecostis ...

Grab Rueben Colomanni, sewd kraut Damiani.

... trink wein per circulum anni.[35]

Martinstag

(11. NOV.) | GEBURTSTAG MARTIN LUTHERS | AN DIESEM TAG BEGANN IM MITTELALTER DIE SCHLACHTZEIT, SICHERLICH AUCH BEI LUTHERS ELTERN.

1

GEBRATENE, MIT TRAUBEN GEFÜLLTE GANS, DAZU KNOBLAUCHSOSSE, BROT UND MUS

Stosz knobelauch peffer specke wecholter vnde ein bere myt enwenig brodes vnd trüben vnd fulle da mit die gansz.

Ein knobellach galrat czu einer gans Nym ein Junge gans vnd brade sij schon darnach nym knobelauch vnd wysz broit gelisch vil vnd stoisz das wol vnd du dan wyn eszig dar an vnd honig vnde slage isz dorch vorhin ...[36]

ZUTATEN

1 Gans

Salz, Pfeffer

6 Scheiben getoastetes Weißbrot

3 Zehen Knoblauch

250 g durchwachsener Speck

15 Wacholderbeeren

1 Birne

1 Weintraube

1 Liter Bratensaft und 1 Liter Brühe

6 Scheiben getoastetes Weißbrot, eingeweicht in Rotwein

6 Knoblauchzehen

1 – 2 EL Weinessig + 1 TL Honig

Die Gans waschen, innen sowie außen salzen und pfeffern. Für die Füllung Weißbrot, Speck und Birne würfeln, die Trauben halbieren, den Knoblauch pressen und alles zusammenmischen. Noch die Wacholderbeeren hinzufügen. Diese Fülle in die Gans geben und mit einem Faden zunähen.

Den Backofen vorheizen, auf der untersten Schiene das tiefe Backblech einschieben und darüber den Rost einlegen. Die Gans mit der Brust nach unten auf das Rost legen und grillen (Umluft 200 °C, E-Herd 100). Nach 15 Minuten 1,5 Liter kochendes Wasser in die Saftpfanne gießen. Die Gans mit einem Spieß anstechen, damit das Fett austritt. Mehrmals mit dem Bratensaft begießen. Garzeit ca. 2 – 2,5 Stunden.

Für die Brühe die Innereien in Salzwasser kochen. Diese mit dem Bratensaft, von dem das Fett abgenommen wurde, vermischen. Das getoastete Weißbrot würfeln und in Rotwein einweichen. Die etwas ausgedrückte Masse in die Brühe geben und aufkochen, dazu noch Knoblauch pressen, Weinessig und Honig hinzufügen. Alles durch ein Haarsieb streichen oder pürieren.

WEIZEN-, GRIESS- ODER HIRSEMUS

𝕲emüß von greus, waitz oder hirs / Waychk aber greus oder von waiz oder von hirs. Seud dy mit milch dünnelecht, tuo dar zuo saffran, puttern, saltz. Erwell sy und gib sy.[37]

200 g Perlweizen

750 ml Vollmilch (besser halb Sahne, halb Wasser)

1 – 2 EL Butter

½ T. Salz

1 Prise Safran + 2 EL heißes Wasser

Die Milch zum Kochen bringen. Salzen. Den Weizen hineingeben und bei schwacher Hitze solange einköcheln, bis alle Flüssigkeit aufgesogen ist (ca. 20 Minuten). Die Butter unterrühren und bei geringer Hitze schmelzen lassen. Zum Gelb färben den Safran in heißem Wasser auflösen und die Flüssigkeit unter den Brei rühren.

St. Katharina (25. NOV.) | WINTERBEGINN

in dem winter, das ist von Sandt Katherina tag piß zu Sandt Peters tag, so die Störch komenn. Dein speyß soll auch warmm sein … [man] solt dann essenn fleysch … als hamel fleisch eins jars alt. … Auch soltu zu der zeit mer essen dann zu keiner zeit des gannczen jars …[38]

2 WILDHASENPASTETE IM TEIGTOPF ODER IN TIERGESTALT MIT APFEL- ODER BEERENMUS

Item / man hackt Hasenwildbrat klein mit Speck / Saltz / Ingber / Muscatenblumen / Pfeffer vnd Eyern / schlegt ihn zwischen zweyen stücken Deigs in gestalt eines Hasen oder in einem Topff / man kann es auch wol süß oder gelb abmachen / mit … kleinem Rosin / … oder hackt da grüne kreuter darunter …[39]

ZUTATEN

350 g Hasenfleisch

125 g Schweinefleisch

500 g durchwachsener Speck

1 Brötchen

etwas Milch

Salz

Pfeffer

1 Prise Ingwer

1 Prise Muskatblüte (Macis), gemahlen

1 Ei + etwas Eiweiß

1 EL Wein

30 g Rosinen

500 g Mehl

75 g Schweineschmalz

4 EL Wasser

4 Eier

¼ TL Salz

Das Mehl in eine Schüssel geben, dann mittig in einer Vertiefung Eier und Salz mit etwas Mehl verrühren. In einer Kasserolle bei geringer Hitze das Schweineschmalz schmelzen, etwas kaltes Wasser zugeben und den Topf im kalten Wasserbad abkühlen lassen. Sobald das Fett handwarm ist, zum Mehl zugeben und einen festen Teig kneten. Diesen 1–2 Stunden kühl stellen.

Das Hasenfleisch würfeln, mit Salz und Pfeffer würzen und eine Stunde ruhen lassen. Das Brötchen in etwas Milch einweichen. Speck würfeln und glasig anbraten. Das Schweinefleisch kleinschneiden. Das Fleisch, das ausgedrückte Brötchen und die Eier durch den Fleischwolf drehen. Der Vorgang wird mehrmals wiederholt, bis eine homogene Masse entsteht. Diese mit etwas Wein versetzen und würzen.

Etwa die Hälfte des Teiges ausrollen, eine Springform (26 cm) damit auskleiden. Die Fleischmasse einfüllen. Einen Teil des Teiges für den Deckel ausrollen, auf die Füllung legen und die Teigränder mit Eiweiß verkleben. Den Teigdeckel mittig einschneiden, damit der Backdampf entweichen kann. Nahe dem Rand der Backform einen aus Teig geformten Hasenkopf und gegenüber ein Schwänzchen aufkleben. Diese zunächst mit Alufolie umkleiden, damit sie nicht zu schnell bräunen.

Die Pastete im vorgeheizten Ofen bei 175 °C braun backen. Sie ist fertig, wenn an einem hineingestochenen Holzspießchen keine Krümel mehr haften bleiben (ca. 1 ½ Stunden).

Wyltu maken eyn gud moes van eppelen, dat me thohandes eten schal, so nym gude goderlinghe edder flakeeppele unde snyt jo den appel an ver deyl. Snyt uet dat kernehus. Unde do se yn eynen gropen unde lat se feden. Dar machstu tho nehmen wyn edder mede, unde lat se darmede feden. So fla se denne dorch eynen dorchflach. Darna strigk se dorch eynen reynen doeck ... Do dartho eyger edder mandelen, darna de tyd is des jares edder des daghes, unde do dartho honnych. Unde laet dat feden ... Crude aff myt fafferane, inghever unde neghelken unde peper. Unde giff dat kolt hen. ... Deffulvenghelyken machstu maken van beren ... ok eyn moes van vyghen.[40]

ZUTAⁿEN	ZUTATEN ALTERNATIV
6 säuerliche Äpfel (1 kg)	500 g Himbeeren
¼ Liter Weißwein (besser halb Wasser)	150 ml halb Rotwein, halb Wasser
100 g enthäutete Mandeln, gerieben	75 g Mandeln, gerieben
250 g Honig	4 EL Honig
1 Prise Safran + 1 – 2 EL heißes Wasser	1 Prise Safran + 1 – 2 EL heißes Wasser
½ TL Ingwer, gemahlen	½ TL Ingwer, gemahlen
2 Nelken, zerstoßen	1 Msp. Nelken, gemahlen
½ TL Pfeffer	¼ TL Pfeffer

Die Äpfel waschen, vierteln, schälen, das Kerngehäuse entfernen und klein würfeln. Mit Wein zusammen in den Topf geben und zum Kochen bringen. Sobald die Früchte sich zerdrücken lassen, etwas von der Flüssigkeit abgießen. Die Äpfel mit einem Schöpflöffel durch ein Sieb streichen oder pürieren. Himbeeren mit einem metallenen Esslöffel durch ein großes Haarsieb streichen, um die Kerne zu entfernen. Wichtig ist es, den verpressten Fruchtanteil unten am Sieb gut abzulösen. Alles wieder erhitzen und die geriebenen Mandeln untermischen, unter ständigem Rühren kurz aufkochen und eindicken lassen.

Noch mit Honig, Ingwer, Nelken und Pfeffer würzen, evtl. mit Safran gelb färben. Das Fruchtmus soll einen süß-pikanten Geschmack haben.

AM 5. DEZEMBER: ... töte (das Maſtſchwein) mit einem Schlag an den Kopf, zerlege das Schwein ... Nimm Salz und reibe die Schwarte ſehr damit ein. Reibe die anderen Teile auch gut ein. Salze das Fleiſch in einem Zuber ein ... Und laß es 14 Tage oder drei Wochen darin ... Dann ... hänge es (teilweiſe für Schinken und Speck) in einen weiten Kamin.[41]

Nikolaustag   6. DEZEMBER

3

LEBERWURST AUF WEINKRAUT

Von Kälbern / Rindern würſt / von Lungen vnd Läbern. ... Sollich Würſt ſeind faſt gut auf krauwt oder Rüben ...[42]

Item wiltu bald gut kumpoſt ſaltz kraut wolgeſchmack maché am herbſt alſ rohe ... So nym ein reinen hafen vnd ſpreuß holtzlein vnten darein einer hent hoch. vn geüß rotten wein darein ... So nym den dz kraut haupt ... vn ſpalt dz in vier biß ... vn ſtürtz dz haubt alſo auf die holtzlein in hafen vn verſtürtz den gar eben vnd verkleib in wol mit muß. vn ſetz in auf ein dryfuß. vnd mach ein geleich feür darunter nicht zu groß. vn laß ſten alſo lang vyß ſunſt ei kraut geſiedé mag Thu es dan auß. vn laß kalté. vn nym des rotten weins und krametper dar in vn ſchüt es in dz haupt. ... vnd laß es vallen. erſpalt es dan gar. Geüß eſſig od ſenff daran ...[43]

ZUTATEN

1 Ring Landleberwurst im Naturdarm

1 Krautkopf, mittelgroß (ca. 1500 g)

1 Liter Weißwein, lieblich

½ Liter Rotwein, trocken

10 Wacholderbeeren (2 zerdrückt)

1 EL Senf, mittelscharf

¼ TL Salz

Die äußeren Blätter des Weißkohls entfernen und den Kopf in Viertel schneiden. Den Strunk soweit entfernen, dass die Blätter noch zusammen halten. In einen hohen Topf unten ca. 8 cm hohe Holzleisten stellen und Holzspießchen als Rost darüber legen. Alternativ kann ein metallener Siebeinsatz oder ein Dampftopf benutzt werden. Den Weißwein eingießen, bis knapp unterhalb des hölzernen/metallenen Rostes. Auf diesen die Kohlviertel mit der Schnittfläche nach unten legen. Alles zum Kochen bringen und zugedeckt solange dämpfen, bis der Kohl weich ist (ca. 1 Stunde). Dann die Stücke herausheben und in Streifen schneiden. Nun den Rotwein erhitzen, Wacholderbeeren, Salz und Senf hinzufügen und verquirlen. Das geschnittene Kraut zugeben und untermischen. Die Wurst oben auflegen und solange zugedeckt bei kleiner Flamme ziehen lassen, bis diese sich erwärmt hat.

RINDFLEISCH IN WÜRZBRÜHE

4

Man seud Rindfleisch / macht dar eine Brüh ober / also: Die Rindfleischbrüh macht man mit kleinen Rosin / zerschnitten Mandeln vnd ein wenig zerriben Brot an / will mans süsse haben / nimpt man Zucker darzu / gibt es ober Rinderfleisch her.[44]

ZUTATEN

800 g Rindfleischgulasch

2 Liter Wasser + ca. 2 ½ TL Salz

4 EL Rosinen

10C g Mandeln, gehackt

50 g altbackenes Roggenmischbrot, ohne Rinde, gerieben

4 EL Rotweinessig

4 TL Zucker

Die Gulaschstücke sehr klein schneiden und mit kochendem Wasser übergießen. Salzen und ca. 1 ½ Stunden weich kochen lassen. In die Kochbrühe das geriebene Brot geben und alles kochen, bis die Brotbrösel sich auflösen und die Soße eindickt. Zuletzt die Rosinen und Mandeln zufügen und noch etwas köcheln lassen. Mit Essig und Zucker süß-sauer abschmecken.

5

WEINSUPPE MIT DEM BESONDERS GEFORMTEN MÖRSER-
KUCHEN, MÖNCH ODER GUGLHUPF

Item ain sapor zu dem Minchich ... Nymm wein und tu in in die
pfanen, laz in auffieden. Und nymm lanchuchen und laz in reiben
und tu in in den wein und streich in durch ain tuch. Wiltu, so tu
ain wenig essich darzu, gilb und gib hin ...[45]

Wilthu machenn Morsferkochenn: so reib Semel clein und schlag
Eyer doruntter und mach es gell und wurtz es woll und schneid
Musckatten clein dorunder ader Mußkattenblude und thu ein
Smalcz in einen Morsfer und secz in uff ein Gludt und geuß eß
darein und wen es gebeckett, so schneidts zu Scheiben.[46]

ZUTATEN

1/2 Liter Rotwein, fruchtig-lieblich

1 Soßenlebkuchen (60 g)

1 TL Rotweinessig

1 Prise Safran +

1 – 2 EL kochendes Wasser

MÖNCH

6 trockene Brötchen, gerieben

7 große Eier

1 kräftige Prise Salz

1 Prise Muskat oder Muskatblüte (Macis)

2 EL Butter

Feine Semmelbrösel zum Ausstreuen

Den Soßenlebkuchen klein schneiden. Den Wein erhitzen und
die Soßenlebkuchenstücke zufügen. Köcheln lassen, bis diese
sich auflösen. Pürieren. Nun verfeinert man mit Essig und gibt
aufgelösten Safran dazu. Für den Mönch die Brötchen grob reiben. Eier schaumig schlagen, Salz und Muskat zugeben und alles
unter die Semmelbrösel mischen. Eine Guglhupfform (22 cm)

einfetten, mit Semmelbröseln ausstreuen und den Teig einfüllen. Butterflöckchen aufsetzen. Im vorgeheizten Backofen bei 200 °C ca. 20 Minuten backen und ausgeschaltet bei offener Ofentür etwas abkühlen lassen. Stürzen, radial Stücke schneiden und als Einlage zur Weinsuppe warm reichen.

FALSCHER REHBRATEN — KARPFENHOHLBRATEN MIT SCHWARZER PFEFFERSOSSE

6

Item wiltu ainen guten visch gepach[e]n hab[e]n ... So must du hab[e]n hecht oder schlein oder kärpffen, vnd nym den schwaiß von den vischen ... vnd mit gutem gewürzcz mustu es abe mach[e]n, vnd muscat mustu Dar zue hab[e]n, vnd den hack nicht zue klain, Wan[n] es gehackt ist, So ist es gestalt als ain Rechpraten gros oder klain oder du solt es vmb einen spiz wind[e]n, vnd leg es jn ain schüssel ... vnd besteck jn mit gutem mandel wann man jn essen will ...[47]

Ouch mach an karpffen ... oder ander fisch ainen schwarzen pfeffer, der dick ist als an ainem wildprätt ... = Also nyem gebättes brott, ruggis und züch es durch mit der brüge und mit win und essich, ... und bewürz es ...[48]

ZUTATEN

1 Karpfen (besser ca. 700 g Filet)
1 – 2 trockene Brötchen, entrindet und gerieben
1 Ei
1 TL Salz, ½ TL Pfeffer
3 TL Petersilie
1 Msp. Muskat
Semmelbrösel
ganze Mandeln zum Bestecken, geschält

SOSSE

½ Liter Fischfond
(alternativ: Fischgräten, -kopf, evtl. -fleisch
½ Liter Wasser

1 TL Salz

1 Schuss Weißwein

5 weiße Pfefferkörner

½ kleine Zwiebel

½ TL Kümmel

½ TL Ingwer

2 TL Petersilie)

1–2 Scheiben geröstetes Roggenbrot

1 kleiner Schuss Weißwein

1 EL Essig

Salz, Pfeffer

evtl. 1 EL Honig

Fisch filetieren oder gleich fertiges Fischfilet im Fleischwolf zerkleinern (nicht zu fein). Die Fischmasse mit geriebenem Brötchen, Ei und Gewürz mischen. Man formt zwei kleine längliche Hackbraten oder legt den Fischteig nicht zu dick um einen nassen, mit Eiweiß bestrichenen ca. 2 cm starken Holzstab. Nun alles in Brötchenbröseln wälzen. Den Ofen vorheizen. Die Hackbraten in eine gefettete Pfanne legen und bei 225 °C braten, dabei nach 10 Minuten etwas kochendes Wasser in die Pfanne gießen (später evtl. nachgießen) und die Braten immer wieder mit Fond beträufeln, bis sie schön braun sind.

Ungleich knuspriger wird der gegrillte Spießbraten: Dazu ein Stück Backpapier auf das Rost und darauf das Fischfleisch am Holzstab legen. Bei 200 °C mit Umluft grillen. Nach 10 Minuten in die darunter eingeschobene Fettpfanne ca. 1 Liter kochendes Wasser eingießen. Auch diesen Braten immer wieder mit Fond beträufeln. Nach etwa einer halben Stunde wenden (Garzeit ca. 1 Stunde). Den Hackbraten längs halbieren und vor dem Auftragen mit den ganzen Mandeln spicken.

Für die Soße einen fertigen Fischfond verwenden oder einen zubereiten. Das Roggenbrot toasten, entrinden und in kleine Stückchen schneiden. Das Brot im Fischfond einweichen. Wein und Essig zu geben, alles pürieren, mit Salz, Pfeffer und evtl. Honig abschmecken.

EIN FLEISCHTAG BEI LUTHERS, WIE BEI EINER BRAUNSCHWEIGER HAUSGE-
MEINSCHAFT DES SPÄTMITTELALTERS – MIT REZEPTEN, DIE HEUTE NOCH IN
DER UMGEBUNG DES HARZES TRADITION SIND.

6 UHR: BRANNTWEIN UND BROT
8 UHR: MUS, BROT, BUTTER UND KÄSE
12 UHR: VORKOST, FLEISCH, BUTTER UND BROT
ABENDS: GEMÜSE, EIERKUCHEN, BROT, BUTTER UND KÄSE

7 GERSTENMUS

Aber von milich vnd mel macht ma[n] mus. ... Aus gersten
... hab[er]n ...Reiß ... dauon macht man auch gut gemüß mit
milich.[49]

ZUTATEN

200 g Gerstengrütze
1 Liter Vollmilch (besser halb Sahne, halb Wasser)
½ TL Salz
3 EL Butter

Milch zum Sieden bringen und langsam die Grütze einrühren,
beiseite genommen 2–3 Minuten brodeln lassen, salzen. Dann
bei kleinster Temperatur zugedeckt 20 Minuten quellen lassen,
mehrmals umrühren. Den Topf wieder voll auf die Herdplatte
stellen, die Butter zugeben, bei kleiner Hitze schmelzen und gut
verrühren.

8 SUPPE MIT FLEISCHKLÖSSCHEN VOM SCHWEIN

Wiltu ein klefselin Machen, So Nim swinen fleisch oder
kalp fleisch vnd solt es hacken vnd stoffen vnd tu mel vnd
ein ro ey darin vnd wurtze es abe in demme ftein abe vnd

mache kugellin mit kaltem waffer. vnd wurff es ... in die pfanne mit heifem waffer vnd los es gute wile fieden.[50]

500 g Schweineschulter (mager) oder Kalbfleisch
4 – 5 EL Weizengrieß (besser halb grob gemahlene
Weizengrütze/Bulgur)
1 Ei
½ TL Salz
¼ TL Pfeffer
1 ½ Liter Hühnerbrühe
2 EL Petersilie

Die Schweineschulter durch den Fleischwolf drehen. Den Weizengrieß, evtl. gemischt mit Weizengrütze, zum Fleisch hinzufügen. Dann das Ei, Salz, Pfeffer und Petersilie vermengen. Aus der Masse mit nassen Händen kleine Klößchen von 2 cm Durchmesser formen. Die Hühnerbrühe zum Kochen bringen, die Fleischklößchen einlegen und ca. 15 Minuten darin ziehen lassen. Mit Gewürz abschmecken und vor dem Auftragen noch mit Petersilie überstreuen.

Varianten: Es gibt in den Rezeptsammlungen derartige Klößchen aus verschiedenen Zutaten, aus Lammfleisch, aus Rindfleisch, aus Vogelfleisch oder Fisch, wie Hecht und Karpfen. Die Fleischklößchen wurden gekocht, danach gebraten und trocken aufgetragen oder man machte eine Sauce, z. B. eine mit Brot eingedickte Pfeffersoße oder Petersiliensauce oder einfach eine gute Brühe dazu.

HACKBRATEN AUS DEM GRAPEN

9

Item nym more vleisch vnde hacke dat cleyne. Stod dat in eyneme mofer. Do dartho eyger. Wriff schonebrot in eyner twelen. Nym eynen nyggen gropen. Make den warm vnde bynnen wit. Unde strick dat vulnesse darin so dicke, so de grope. Werp dat in eynenfedenyghen ketel. Sede id hart. Vulle dat myt ga=

ren honeren unde do dartho krude. Unde sla den gropen aff. Unde sette en up eyn bred by dat vure. Unde lat id backen.[51]

ZUTATEN

1 kg gehacktes Schweinefleisch

300 g Hähnchenbrust, in Salzwasser gekocht und gewürfelt

4 Eier

2 trockene Brötchen, grob gerieben

½ TL Salz

½ TL Pfeffer

1 TL Zimt

4 EL Weißwein, trocken

Schweineschmalz

Das gehackte Schweinefleisch mit den Eiern, dem geriebenen Brötchen sowie Salz und Pfeffer vermischen. Eine Lage in einen gefetteten, kleineren Topf oder eine hohe Auflaufform einschichten. Darüber aus Hackfleisch an der Topfwand einen Ring legen. Mittig das kleingewürfelte, mit Zimt gewürzte Hähnchenfleisch hineingeben und mit etwas Wein beträufeln. Oben noch mit einer Lage Hackfleisch verschließen. Das kleinere Gefäß in einen großen Topf mit siedendem Wasser stellen, diesen zudecken und alles ca. 45 Minuten köcheln lassen. Das fest gewordene Fleisch sofern möglich aus dem Topf stürzen und im vorgeheizten Ofen überbacken (200 °C, ca. 10 Minuten). Wenn sich der Braten nicht löst, mit einem Messer Scheiben aus dem Topf herausschneiden, diese bräunen und auftragen.

10 GRÜNKOHL

Von Braunemkohl. ...
Item / man hackt den Kohl mit Quitten oder Epffeln / bringt ihn mit Wein und brüh zum fewr / macht ihn ab mit Buttern / kleinem Rosin / gestossem Ingber und Zucker / wenn man ihn will zum tisch geben / legt man ein par Josissen (Würste) garumbher / unnd besprengt ihn mit Zucker. Die Braunschweigischen Bawren essen solchen Kohl gerne / aber sie bekommen ihn gahr selten.[52]

ZUTATEN

1 kg Grünkohl

1 Liter Weißwein

1 Liter Rinderbrühe

4 Äpfel (zeitgenössisch mit Birnen)

50 g Butter (evtl. Schweineschmalz)

1 EL Rosinen

½ TL Ingwer gemahlen

2 TL Salz für den Kochsud

4 (westfälische) Rauchenden

Frischen Grünkohl von den Rippen streifen, waschen, blanchie-
ren, auf mundgerechte Streifchen schneiden und im gesalzenen
Wein-Brühe-Sud aufkochen. Butter zugeben. Alles ca. 50 Minuten garen. Nach der halben Kochzeit die geschälten und klein-
gewürfelten Äpfel zum Grünkohl hinzufügen und mitdünsten.
Ebenfalls die Würste hineinlegen und erwärmen. Zuletzt
die Rosinen zufügen und mit Salz und Ingwer abschmecken.

ZU DIESER ZEIT WURDEN HASELHÜHNER, ABER AUCH ANDERES WILDGEFLÜ-
GEL GEFANGEN, WIE DIE ANLEITUNG IM LEIPZIGER KOCHBUCH ZEIGT:
willst du wissen wie man soll allerlei geflügel über die fasten bis nach ostern lang hal-
ten, es sei von rebhühnern, haselhühnern, birkhahnen, große oder kleine vögel ... 53
— BRATE SIE UND BEWAHRE SIE IN WEINSUD IN EINEM KLEINEN FASS. FRI-
SCHE VÖGEL WAREN EINE BEREICHERUNG DES DURCH SALZFLEISCH GEPRÄG-
TEN SPEISEZETTELS.

VÖGEL, REBHÜHNER ODER HAUSHÜHNER IN LEBERSOSSE   11

Nu nym ein scheffen adir kelberin leber unde sude die und
stoifz sie gar clein mit also vil brodes und gufz win adir es-
czig ar sie beyde daran und czuge ifz dorch und worcz ifz
und verbe ifz und laifz ifz erwallen und gip die vogel darin.

Wiltu iſz abir gern ſuſze eſzen vnd ſo du ein gut teyl honiges dar vnder nach dinem willen Dar in magiſtu geben rephunder vogelle czame huner gebraden vnd ... ander ding.[54]

ZUTATEN

4 Wachteln oder Rebhühner
Salz
4 dünne Scheiben fetten Speck
150 g Butter oder Schweineschmalz

SOSSE

250 g Kalbsleber
(alternativ Hähnchenleber)
Butter zum Anbraten
Salz
1 Liter Wasser
2 – 3 Scheiben Toastbrot
1 EL Rotweinessig, evtl. 1 TL Honig
¼ TL Pfeffer
evtl. 1 Prise Safran + 1 – 2 EL kochendes Wasser

Die Wachteln oder Rebhühner waschen, abtropfen lassen, innen salzen. Gut mit Speck umwickeln und alles mit einem Faden festbinden. Auch die Flügel dabei festbinden oder mit Holzspießchen fixieren. Den Backofen vorheizen und die Vögel auf den mittig eingeschobenen Backofenrost legen, über dem tiefen Backblech unten. Umluftgrillen einstellen und bei 185 °C ca. 10 Minuten trocken grillen, dann 1 Liter kochendes Wasser in die Saftpfanne gießen und noch ca. 20 Minuten weitergrillen. Nach der Hälfte der Garzeit den Speck entfernen und nochmals zum Bräunen geben. Einmal wenden. Bei ungefüllten Vögeln ist es besonders wichtig, sie kräftig mit Fett zu begießen, dafür wird separat noch Butter oder Schweineschmalz geschmolzen und immer wieder darüber gegeben. Alternativ können die Vögel in der Pfanne bereitet werden. Dazu das Fett in dieser zergehen lassen und die Wachteln/Rebhühner hinein setzen. Im vorgeheizten Ofen auf mittlerer Schiene offen bei 225 °C ca. 35 Minuten braten. Mehrmals drehen und mit dem Bratfond begießen.

Für die Soße die Leber waschen und trockentupfen. Die Butter in der Pfanne zergehen lassen und die Leber darin kurz anbraten. Während des Bratens mit Salz überstreuen. Mit Wasser aufgießen, noch einen 1/2 Teelöffel Salz hinzugeben und kurz durchkochen lassen. Die Leber herausnehmen und kleinschneiden. Die Brotscheiben entrinden und würfeln. Beides in die Brühe geben und pürieren. Aufkochen lassen, den Rotweinessig hinzufügen und mit Pfeffer, evtl. noch Salz oder Honig abschmecken, evtl. mit Safran färben.

ENTE ODER BIRKHUHN MIT SCHWARZER FRUCHTSOSSE

12

Enten oder Birkhühner in schwarzem Sode zu machen.
Nimm die Birkhühner, mache sie rein, salze sie, und brate sie wol halb, darnach nimm einen Wein, thue darein gesottene Zwetschen oder Pflaumen oder auch Kirschen einen oder zwei Löffel voll, röste eine Schnitte Weißbrot, thue die auch dazu, laß das Alles also sieden und seihe darnach das Sod durch ein Tuch, nimm die Enten oder Birkhühner, lege sie in das Sod, laß sie also kochen, bis sie vollends gar werden. Dünket dich das Sod zu sauer dann thue Honig oder Zucker drein und würze mit Pfeffer, Ingwer, Nelken, thue ein wenig Schmalz daran. Wenn du sie hineinschicken willst so schneide Aepfel länglich, wie Rüben, bräkele sie ein wenig in einem Tiegel, mache sie gelb und lege sie oben auf die Enten oder Birkhühner. [55]

ZUTATEN

2 Wildenten oder Birkhühner
Salz
100 g Schweineschmalz

SOSSE

¾ Liter Rotwein, trocken
14 Trockenpflaumen
1 trockenes Brötchen, entrindet
2 EL Honig oder Zucker
½ TL Pfeffer, gemahlen

½ TL Ingwer, gemahlen

1 Msp. Nelken, gemahlen

4 kleine Äpfel, gestiftet

Das ausgenommene Wildgeflügel gründlich waschen, das Innere und Äußere mit Salz einreiben. Mit einem Bindfaden dressieren. Alles in einen Bräter geben, Hölzchen unterlegen oder den Hals und die Innereien, um ein Anbacken zu verhindern. In einem Töpfchen bei kleiner Hitze Schweineschmalz schmelzen. Die Enten/Birkhühner mit kochendem Wasser übergießen (ca. 1 Liter), bis ein Finger breit Flüssigkeit im Bräter steht. Mit einem Teil des heißen Fettes begießen und offen in den vorgeheizten Backofen schieben. Bei 225 °C zuerst eine Seite braun braten, drehen, dann die andere Seite bräunen (ca. 50 Minuten). Einige Male mit Schmalz begießen. Die Haut soll wie glasiert aussehen. Daneben für die Soße den Wein erhitzen, die geviertelten Pflaumen zugeben und weich kochen. Von einem trockenen Brötchen die Rinde abreiben, das Weiße würfeln und unterrühren. Honig hinzufügen, alles durchkochen lassen und fein pürieren. Mit Pfeffer, Ingwer und Nelken würzen. Nun aus dem Bräter das Fett abschöpfen und dafür die Fruchtsoße zugeben. Das Wildgeflügel zugedeckt noch weich dünsten (180 °C, ca. 45 Minuten). Die Äpfel waschen, schälen, klein stiften und mit Schmalz in einer Pfanne gelbbraun rösten. Mit einer Geflügelschere das Wildgeflügel halbieren, mit den Apfelstiften bedecken und mit der Fruchtsoße auftragen.

Aſchermittwoch

13

GEBRATENE SALZHERINGE, ERBSSCHNEE UND HONIGSENF
— EINFACHE KOST, ABER EIN LEIBGERICHT MARTIN LUTHERS

Item wyltu maken mer gherichte van ſtotten erweten yn den moſer, ſo temperer ſe wol myt honnighe. Strick ſe dorch eyn dorchſlach in eyn reyne ghevethe. Richte ſe an unde giff ſe hen by den braden herinck. Van denſulven erweten machſtu maken eyn weghe ... Dy giſtu ok hen by den myt ſennepe. [56]

4 Salzheringe (küchenfertig)

Wasser

1 Schuss Essig

Pfeffer

Mehl zum Wenden

Öl (bevorzugt Mohnöl)

MUS

200 g Erbsmehl

½ TL Salz

½ Liter Wasser oder Bier

3 EL Honig

SOSSE

Honigsenf

(3 EL mittelscharfer Senf, 2 EL Honig)

Die Salzheringe 2 Tage in Wasser auslaugen lassen. Zunächst in einer Schüssel ganz mit Wasser bedecken. Nach 3 Stunden wird das Wasser gewechselt. Nun mit neuem Wasser ansetzen, Essig zufügen und stehen lassen. Nach einem Tag nochmals das Wasser wechseln. Für die Zubereitung herausnehmen, trockentupfen. Innen und außen leicht pfeffern. Den Backofen vorheizen (150 °C). Die Heringe auf Holzspieße stecken, an den Seiten 3 flache Einschnitte mit dem Messer anbringen. Mehrfach in Mehl wälzen und überschüssiges Mehl abschütteln. Nun noch in Öl wälzen, auf den Backofenrost legen (mittlere Schiene), zuunterst gibt man die Saftpfanne in den Ofen. Nun 8 – 10 Minuten bei 200 °C mit Umluft grillen, dabei den Fisch einmal wenden. Danach den Hering in eine gebutterte Auflaufform legen und weitere 7 Minuten bei 240 °C knusprig backen. Alternativ Butter oder Öl in einer Pfanne erhitzen und die in Mehl gewälzten Heringe nacheinander darin von jeder Seite ca. 3 – 5 Minuten braten. Aus der Pfanne nehmen und warmstellen.

Im Mittelalter wurde Erbsmehl verwendet. So die Erbsen über Nacht einweichen und im gleichen Wasser weich kochen, sie dürfen jedoch noch nicht aufplatzen (1 – 1½ Std). Salzen. Die Brühe abgießen und für Suppen aufbewahren. Die Erbsen im Sieb gut abtropfen lassen, auf Backbleche verteilen und im Ofen bei niedrigster Stufe mehrere Stunden dörren. Die Backofentür muss dabei ein Spalt offen bleiben. Die wieder harten Erbsen werden nun zu Mehl gemahlen. In einem Topf Wasser oder Bier erhitzen, den Honig und langsam das Erbsmehl unterrühren, mit Salz abschmecken. Alles durch die Kartoffelpresse geben und als Erbsschnee reichen. Natürlich ist es für uns heute einfacher, die allzeit erhältlichen Tiefkühl-Erbsen gleich zu Püree zu verarbeiten. Dazu reiche man Honigsenf, der aus mittelscharfem Senf und Honig einfach angerührt werden kann.

Baumſchnittmonat

VORÖSTERLICHE FASTENZEIT

14

STOCKFISCH AUS EINER GELBEN SUPPE

ſtockviſch: auß einem gelben ſüpplin 3 oder 4 ſtockfiſch darnach und ſi groß ſind, 3 trinkel wein, 1 pfd. Weinper, geſtoßen epfl und zwifel und gar wol gewürzt, 2 leffel ymber, 2 leffel pfeffer. [57]

ZUTATEN

800 g Klippfisch

1½ Liter halb trockener Weißwein, halb Wasser

¾ TL Pfeffer

¾ TL Ingwer, gemahlen

1 große Zwiebel, gerieben

1 großer Apfel, gerieben

2 gute Handvoll Rosinen, vorgeweicht in Wasser

Den Klippfisch waschen und 3 Tage im Kühlen wässern, mehrmals das Wasser wechseln. Zuletzt den Fisch in Essig-Wasser legen und etwas durchziehen lassen. Nun als Ganzes ins kalte

Wein-Wasser-Gemisch geben, alle weiteren Zutaten hinzufügen und auf kleiner Flamme ganz langsam erhitzen.

Der Sud soll erst am Ende zum Kochen kommen, sonst wird der Fisch nur härter. Das Fischstück herausnehmen, entgräten, in mundgerechte Stücke zupfen und warmstellen. Den Kochsud durch ein Haarsieb streichen. Zuletzt das Fischfleisch wieder in diese Suppe einlegen und auftragen.

FEIGENBRATWURST AUF GRÜNEM MANGOLD-KRAUT

15

Wilthu Prottwirſt inn der Faſtenn machenn: ſo nim gutt Veigenn und überſeydt die und ſtoß die clein ... und leg ſye uff ein Prett und nim geriben Leckogen darunder und welths als langh, als ein Brottwurſt iſt und mach ein dickenn Strawbentagk vonn Wein und zeich die Wirſt der dirch und packs dann ſchon ...[58]

Bachen wirſt inn der Faſten ... gibs auff grienem kraut [59]

Wiltü einen ... kappus machen ſo grab mangolt uſz mit den worczelen vnd weſche daz gar ſüberlich vnde ſüde iſz in geſalczem waſſer in eime keſſel biſz daz iſz genuch ſij So czuge iſz uſz ... vnd laſz iſz wol kalten So du yme die übirhüt abe vnd lege iſz dan in eine geſchirre vnd du ſenff eſzig honig vnd ſaffran darczu ...[60]

WURST

500 g Soft-Feigen
½ TL Salz
½ Soßenlebkuchen, gemahlen
ca. 200 g Mehl
Teig (150 g Mehl, 1/8 Liter Weißwein, 2 Eier, ½ TL Salz)
Pflanzenöl zum Ausbacken
Zucker zum Überstreuen

KRAUT

1 kg Mangold
Salzwasser

4 – 5 EL Obstessig und Wasser
1 TL mittelscharfer Senf
1 ½ TL Honig
1 Prise Safran + 1 – 2 EL kochendes Wasser

Die klein geschnittenen Feigen mit kochendem Wasser überbrühen und kurz aufkochen. Die Flüssigkeit weitgehend abgießen und die Feigen durch ein Haarsieb streichen oder pürieren. Salzen. Den getrockneten und dann fein gemahlenen Lebkuchen und soviel Mehl unter die Masse rühren, bis ein fester Teig entsteht, der kaum noch an den Händen klebt. Daraus wälzt man auf einer bemehlten Arbeitsfläche Würste, so dick und lang wie Bratwürste. Danach bereitet man einen dickflüssigen Teig. Möglichst schnell Mehl, Weißwein und Salz verrühren. Die Eier schaumig schlagen und mit dem Wein sowie dem Mehl zugeben. Alles schnell glatt rühren. Nun den Teig etwas ruhen lassen, damit das Mehl quillt. Öl in einem weiten, flachen Topf soweit erhitzen, dass eine nass gemachte Gabelspitze ein leichtes Zischen verursacht. Die Feigenwurst einzeln durch den Teig ziehen und sogleich im Öl bei hoher Hitze ausbacken, bis sie schön braun ist. Kurz auf einem Tuch abtropfen lassen, eventuell mit Zucker überstreuen.

Für das Kraut die Mangoldblätter waschen, von den groben Stielteilen befreien und auf mundgerechte Streifen schneiden. Nun das Salzwasser zum Kochen bringen, den Mangold einlegen und ca. 3 Minuten garen. Aus Essig, Wasser, Senf und Honig die Marinade zubereiten und mit Safran gelb färben. Den Mangold abgießen, die Marinade aufbringen und kurz untermischen. Kalt auftragen.

16   MOHNKÄSE UND NUSSMILCH – SCHWARZ UND WEISS

Nim mahen und mach den zu milch ... und nim ain lot haufn plotter und feud fy, daz zerrge in einem waffer. Do flach es mit durch. ... Geus die milch an die haufen platter und ruers durch ein ander und tue ainn zufer daran und verfaltz nicht ... Nu geus in in ein fchüffel, die nicht zu weit fey, als ein kefe naph. Wann es nu kalt ward ist, so wirt sy hert. So tue den kese auf ein andre schissel und bestekch den kese mit nus kernen. Und will du gerne, so sneid in zu 4 stuckehn und mach ein suezze mandel milch oder ein nus milch dortzue und gib es hin.[61]

ZUTATEN

400 g Dampfmohn, gemahlen

500 ml Weißwein, lieblich

2 Päckchen Gelatine

400 g Zucker

¼ TL Salz

Nussmilch (150 g geschälte Haselnüsse,

½ Liter halb Wasser, halb Wein, 1 EL Zucker)

zum Bestecken ganze Nüsse, geschält

Gelatine in 6 EL lauwarmem Wasser anrühren und quellen lassen. Das Wasser-Wein-Gemisch erhitzen, den Zucker einrühren und auflösen. Vom Feuer nehmen und die Gelatine in der nicht mehr kochenden Flüssigkeit verquirlen. Den Mohn untermengen und kurz aufkochen. Die Masse in vier gekühlte Schälchen abfüllen und im Kühlschrank 1–2 Stunden fest werden lassen. Für die Nussmilch Haselnüsse in Wasser 15–20 Minuten kochen. Mit dem Daumennagel die Haut entfernen. Die Nüsse auf einem Backblech bei niedrigster Stufe im Backofen trocknen, wobei die Tür ein Spalt breit offen bleiben muss. Nun die Haselnüsse fein mahlen und mit Wasser und Wein mischen. Alles mit einem Esslöffel durch ein Haarsieb streichen (gut unten abkratzen). Das Nussgemisch verquirlen und mit Zucker süßen. Wer es feiner möchte, kann den Vorgang mit einem ins Sieb gelegten Leinentuch wiederholen. Zuletzt die erkaltete, schwarze Mohnmasse stürzen oder als Klößchen ausstechen und in einem tiefen Teller anrichten. Mit ganzen Haselnüssen bestecken und mit der weißen Nussmilch umgießen.

Karfreitag

HERINGE IN MANDELMILCH-LAUCH-GEMÜSE

Wiltu löch můß machen, ſo nim das wiſeſte an dem löch vnd ſúde in ſchöne vnd balle in us alſo krut. vnd nim denne ſúſe gemilchete heringe vnd hacke es vnder nander. vnd nim denne mandel milch vnd oley vnd tů daʒ vndernander in einen hafen. vnd nim denne ſafferon vnd brot vnd mahe es vnder nander. ſo tů mandel milch in die ſchúſſeln vnd rihte es denne an.[62]

ZUTATEN

2 Stangen Lauch

Salzwasser

6 Salzheringe (besser Filet)

1 Liter Buttermilch

¾ Liter Mandelmilch (aus halb Wasser, halb Wein und

2 EL Mandelmus)

1 – 2 Tropfen Mandelaroma (Backöl)

2 – 3 Scheiben Weißbrot, entrindet

evtl. 1 Prise Safran + 1 – 2 EL kochendes Wasser

Die Heringe waschen, häuten, der Länge nach teilen und so gut als möglich entgräten. Nochmals waschen, aber nicht wässern. In ein Gefäß schichten und mit Buttermilch übergießen, bis sie bedeckt sind. Für 3 Tage kühl stehen lassen und jeden Tag etwas schütteln. Den Lauch säubern, in feine Ringe schneiden, in leichtem Salzwasser gar kochen und warmstellen.

Die Mandelmilch ähnlich wie für Nußmilch beschrieben herstellen (↑ RNr. 16) oder Wasser und Wein erhitzen und fertiges Mandelmus mit einem Quirl hinein rühren. Evtl. Safran in heißem Wasser auflösen und die Farbflüssigkeit zur Mandelmilch geben. In Stückchen geschnittenes Weißbrot unterrühren, weichen lassen und pürieren. Mandelöl zugeben und aufkochen lassen.

Die Heringe in mundgerechte Stücke schneiden und in einer Schüssel mit Mandelmilch und Lauch vermischen. Vor dem Auftragen noch etwas durchziehen lassen.

FLADEN GEFÜLLT MIT FRISCHEM BARSCH ODER JERUSALEM-SPEISS IM TEIGTOPF

18

Einen fladen von fischen gemachet wifze welherleie sie sint hechede oder bersige geworfen in eine dicken mandelmilch wol gemenget mit rys mele un ein apfel dor in würfeleht gesniten un ein wenic smaltzes dor in geton un ein wenic gewurtz gebreit uf ein blat von tyge gemaht, un schüzzez in eine ofen un laz in backen.[63]

ZUTATEN

400 g Barsch
1 Liter Mandelmilch (halb Wasser, halb Wein und 3 EL Mandelmus)
4 EL Reisstärke aus gemahlenem Rundkornreis
1 Apfel
2 EL Butterschmalz (auch zum Einfetten)
1 TL Salz
1 – 2 Tropfen Mandelaroma (Backöl)
evtl. Zucker und einige Tropfen Rosenwasser (Phillipine Welser)

TEIG

375 g Mehl
3 Eier
4 EL Butterschmalz
4 EL Wasser
2 Prisen Salz

Für den Teig das Butterschmalz schmelzen und mit kaltem Wasser vermischen. Etwas abkühlen lassen. Mehl in eine Schüssel geben und die Eier, die Butterschmalz-Wasser-Mischung und Salz vermengen. Einen festen Teig kneten und 1 – 2 Stunden im Kühlschrank ruhen lassen. Nun eine Mandelmilch zubereiten ähnlich wie für Nußmilch beschrieben (↑ RNr. 16) oder in die leicht erhitzte Wasser-Wein-Mischung fertiges Mandelmus einrühren.

In der Zwischenzeit das Fischfilet waschen, trocken tupfen und in große Stücke zerschneiden. Die Filetstücke in der Mandelmilch ca. 20 Minuten kochen. Immer wieder umrühren. Sobald sie gar sind herausnehmen, in kleine Stückchen zupfen und warmstellen. Butterschmalz in einem Pfännchen zerlaufen lassen, die Reisstärke zugeben, kurz durchrösten, dann alles in die Mandelmilch geben und einkochen lassen. Nun den Fisch wieder hinzufügen sowie würfelig geschnittene Apfelstückchen und mit Mandelaroma abschmecken.

Den Backofen vorheizen. Den Teig ausrollen und eine Springform auskleiden (26 cm). Der Rand soll ca. 3 cm hoch sein. Eventuell Rosenwasser und Zucker über den Teig streuen. Die dicke Mandelmilch-Fisch-Masse in die Teigform einfüllen, knapp bis unter den Rand. Alles bei 175 °C ca. 40 Minuten backen, bis sich oben eine goldbraune Haut bildet. Anders als die Pastete wurde im Mittelalter der ähnlich geformte Fladen – ohne oder mit Teigdeckel – auch kalt gegessen.

19

GEFÜLLTES SPANFERKEL

Wiltu spinferkelen wol vnd suber braden so nym eyer in smalcze gerurt vnd hacke die lungen darvnder vnd wurcze isz wol vnd fulle isz damit vnde erwelle isz in einem kessel vnd brade isz dan in einem spisse vnd czuch yme ein worst nach der lenge dorch den munt Auch ist gut fullen mit wacholder vnd knobelauch ...[64]

ZUTATEN

1 Spanferkel (bis 10 kg)

Lunge (alternativ 250 g durchwachsener Speck)

10 Eier

250 g Schmalz

8 Wacholderbeeren

3 Knoblauchzehen

Salz

4 kurze Holz- oder Metallspieße

lange Holzspieße

Das komplette Spanferkel von innen mit Salz einreiben. Zum Ausfüllen der Bauchhöhle bereitet man aus den Eiern, der Lunge oder alternativ dem Speck ein Rührei und würzt es mit Wacholderbeeren und Knoblauch. Die Eimasse füllt man in die Höhlung und näht mit Nadel und Faden den Bauchschnitt zu. Zum Überbrühen wird ein großer Topf mit kochendem Wasser bereitet. Das Spanferkel legt man auf einer Unterlage in die Badewanne und übergießt es mit dem heißen Wasser.

Danach setzt man es auf ein Backblech, das mit einigen Holzstäbchen ausgelegt ist, damit das Fleisch nirgends direkt aufliegt. Die Füße nun mit Holz-/Metallspießchen so feststecken, dass das Ferkel mit hinten untergeschlagenen, vorne aber ausgebreiteten Füßen sitzend erscheint. Ohren und Schwänzlein erhalten eine Kappe aus Papier oder Alufolie, damit sie nicht frühzeitig bräunen. Die Haut wird nun gut mit zerlassenem Schweineschmalz bepinselt und das Spanferkel in den auf 200 °C vorgeheizten Backofen geschoben. Die Ofentür muss etwas geöffnet bleiben. Das Ferkel muss ca. 2–2½ Stunden braten. Damit beide Seiten braun werden, einmal umdrehen. Immer wieder gut mit Schmalz begießen. Falls die Oberseite zu schnell bräunt, zeitweise abdecken. Fertig ist das Spanferkel, wenn aus einem Gabeleinstich ins dicke Fleisch am Schlegel ein wasserheller Tropfen dringt. Vor dem Auftragen wird die lederige Haut mit der Geflügelschere entsprechend einzelner Fleischportionen aufgeschnitten.

WIEDERBEFÜLLTE EIER AM HERINGSSPIESS – GEFORMT UND BESONDERS GEFÄRBT

20

Item wyltu maken ghevulde eiȝere, ghebraden up der rosten, so nym roe eiȝere. Sla de eyȝere an eyneme ende up, is du engheft kanft. Nym unde rore de roen eiȝere aff myt botteren. Nym peper unde faffran, petercilie, falvye. Dat do dartho. Vulle dat vulfel wedder in de doppe. Stick se up heryngespete unde brat se aff up der roste ... = Item konnigeseiger. Rore eigere, grune und ghele, und vulle se wedder in de koppe ...[65]

ZUTATEN

8 Eier, evtl. 1 rohes Ei
2 EL Butter
¼ TL Pfeffer

GRÜN

2 TL Petersilie
1 TL Salbei oder Waldmeister (Alemannisches Kochbuch)

GELB

1 Prise Safran + 2 EL heißes Wasser

BLAU

1 Handvoll Veilchenblüten, gedörrt und zerstoßen

WÜRZBRÜHE

½ Liter Vollmilch
2 Eier
2 Scheiben Weißbrot
1 Prise Safran + 2 EL kochendes Wasser
Salz

Eier ausblasen. Die Eimasse mit Butter in der Pfanne leicht anbraten, sie sollte noch feucht sein. Falls sie zu hart geworden ist, noch verquirltes, rohes Ei zugeben. Mit Pfeffer würzen und mit klein gehackter Petersilie, Salbei oder Waldmeister versetzen.

Wer die Eier färben möchte, kann den Effekt der grünen Naturfarbe erhöhen, indem er Kräuter im Backofen (bei etwas offener Tür) dörrt und in der Kaffemühle mahlt. Für gelbe Eier in heißem Wasser aufgelösten Safran verwenden. Blaue Eier sind mit Veilchenblütenpulver zu erzielen. Die ungefärbte oder gefärbte Eimasse wird nun wieder in die ausgeblasenen Eierschalen gefüllt. Am besten nimmt man dazu eine Spritztüte. Die gefüllten

Eier steckt man auf lange Holzspießchen und grillt sie auf dem Rost über glühender Holzkohle oder bäckt sie auf einem Blech im Backofen für ca. 10 Minuten bei 200 °C.

Daneben für die Brühe die Eier hart kochen, kalt abschrecken, schälen und fein hacken. Das Weißbrot entrinden, klein schneiden und in einem Teil der Milch einweichen. Nun alles mit einem Esslöffel durch ein Haarsieb streichen, dabei immer wieder etwas Milch zugießen, um die Ei-Brot-Masse zu lösen (unten gut abschaben). Nun die restliche Milch erhitzen, die Andickmasse zufügen, aufkochen, unter Rühren eindicken lassen und mit Salz würzen sowie mit aufgelöstem Safran färben.

ZU DIESER ZEIT GAB ES JAHRESZEITLICH TYPISCHES ESSEN MIT MAIBUTTER ODER MAISCHMALZ UND VIELEN EIERN.

---

21 — EIERMILCHSCHEIBEN MIT SCHWARZER PFEFFERSOSSE

Wyltu maken eyn gude ghebacken melk up de rost, so nym gude melk. Sla datho eygere. Krude dy aff myt peper unde saffrane. Sette se tho den wure, dat se dicke werde unde lat se seden. Sla se yn eynen reynen dock. So perse se dan under eyneme steyne. Wen se kalt ys worden, so snyt se an schyven ... Legge se uppe de rost unde roste se ... Bestrowe se myt ynghever unde myt zcucker.[66] ... ein wilpret von eyeren ... mach es denn jn eynnen swar/czen pfeffer ...[67]

ZUTATEN

5 Eier

¾ Liter Milch

½ TL Pfeffer (besser weißer Pfeffer)

½ TL Salz

1 Prise Safran + 1 – 2 EL kochendes Wasser

1 EL Butter zum Ausfetten

evtl. Ingwer und Zucker zum Bestreuen

SCHWARZE PFEFFERSAUCE

2 – 3 Scheiben geröstetes Roggenbrot

1 Liter Fleischbrühe vom Rind

1 Schuss trockener Weißwein

1 – 2 EL Honig

Salz + ¼ TL Pfeffer

Milch handwarm erhitzen. Den Safran in kochendem Wasser auflösen und in die Milch geben. Die Eier schaumig schlagen, Salz und Pfeffer zugeben. Alles in die Milch einrühren. Eine hohe Auflaufform oder einen Topf buttern, die Milch-Ei-Masse hineingießen und mit einem festgebundenen Leinentuch oder gefetteter Alufolie verschließen. In einen großen Topf mit kochendem Wasser stellen und zugedeckt auf kleiner Flamme 1 – 1 ½ Stunden köcheln lassen. Die Masse auf ein Tuch stürzen und alles zu einem länglichen Kloß zusammenbinden. Ein Sieb in eine Schüssel hängen, die eingebundene Masse hineinlegen und beschweren, damit die Molke abfließt. Mehrere Stunden kalt stellen. Wenn die Eiermasse fest geworden ist, mit einem Faden in fingerdicke Scheiben schneiden. Diese auf kleine Holzspieße stecken und am Rost oder im Ofen braun braten. Daneben für die Soße die Fleischbrühe zum Kochen bringen. Das Roggenbrot toasten, in kleine Stückchen schneiden und hinzufügen. Mit Wein und Essig würzen. Sobald das Brot gut aufgeweicht ist, alles durch ein Haarsieb streichen oder pürieren. Mit Honig, Salz und Pfeffer abschmecken.

Item in dem summer, das ist vonn Sandt Urbans tag piß auff unserr frawenn tag ... den erstenn, so soltu essen ... zigenn fleysch oder eins jungen lemleins oder einß sawgendenn kalbs oder eins hemels, der nit jerig sey, vnd iungs cleins kraut ...[68]

22

ZIEGENBRATEN

Willst du haben ein gutes Kälberbrätlein oder Reh- und Ziegenbrätlein, so schneide es hübsch länglich, nimm gestoßenen Kümmel und gestoßene Wachholderbeeren und lege das Brätlein in eine Mulde, salze es nit gar zu sehr und bestreue es fein mit dem Kümmel und den Wachholderbeeren und laß es darin eine Nacht liegen, oder auch noch länger, und wenn du es brauchen willst so spicke es mit Speck und brate es.[69]

ZUTATEN

1 Zicklein oder ein Schlegel (max. bis 1 Jahr)
Wasser, gut mit Obstessig versetzt
50 g Kümmel, gemahlen
50 g Wacholderbeeren, gemahlen
Salz
250 g fetter Speck

Das Ziegenfleisch ca. 12 Stunden in Essigwasser beizen (ältere Tiere in Stücke zerlegt). Den Kümmel und die Wacholderbeeren frisch mahlen. Das Fleisch aus dem Sud nehmen, trocken tupfen und leicht salzen. Nun kräftig mit der Gewürzmischung einreiben und 1–2 Stunden kühl stellen. Den Speck in längliche Streifen schneiden und das Fleisch damit spicken. Den Backofen vorheizen. Etwas Speck in der Pfanne zergehen lassen. Im Rohr auf 225 °C das Fleisch kurz im Fett anbraten, mit kochend heißem Wasser aufgießen und zugedeckt schmoren lassen (1 ½ – 2 Stunden). Bei Umluftgrillen auf 200 °C das Fleisch mittig auf den Rost legen, zuunterst die Saftpfanne einschieben. Das zerlassene Fett über das Ziegenfleisch gießen und 10 Minuten trocken grillen. Nun 1 Liter kochendes Wasser in die Fettpfanne gießen und 1 ½ Stunden garen, dabei häufig begießen.

Variante: Ähnlich wie von Ziege wurde der Braten vom Schaf zubereitet. Phillipine Welser beizt diesen aber in Weinwasser.

ERDBEERENTORTE MIT EINGESCHNITTENER DECKE

23

wílt du ain erber dortten machenn ſo leg die erber auf das bedalin
vnnd yber ſes mit zucker dar nach leg aber erber dar auf vnnd
wyder zucker bis das es vber let iſt den mach ain zer ſchnite decke
dar yber vnd las ſyttlich bachenn wan er halb bachen iſt ſo dau
ain buder dar auff. [70]

ZUTATEN

180 g Mehl

120 g Butter

1 Eidotter

1 gute Prise Salz

3 – 4 EL kaltes Wasser

350 g Walderdbeeren

2 – 3 EL Zucker

50 g Butter

Semmelbrösel

Mehl, Salz und die Eidotter in einer Schüssel vermengen. Die
Butter auf kleiner Flamme schmelzen, das Wasser zufügen und
in einem kühlen Wasserbad etwas erkalten lassen. Das hand-
warme Fett zum Mehl geben und gut verkneten. Alles zu einer
Kugel formen, in Klarsichtfolie wickeln und ca. 1 – 2 Stunden
im Kühlschrank ruhen lassen. Die Erdbeeren waschen und abtropfen. Eine kleine Springform (20 cm) mit Butter ausfetten
und mit Semmelbrösel bestreuen. Den Ofen auf 190 °C vorheizen. Den Teig ausrollen, den Boden und 1 – 2 cm am Rand mit
Teig auskleiden. Den Zucker auf den Teigboden streuen und die
Erdbeeren darauf setzen. Mit einem Teil des Teiges 1 cm breite
Gitterstreifen darüber legen. Die Torte ca. 30 Minuten goldbraun backen.

24   MUS MIT HOLUNDERBLÜTENMILCH

Wiltu machen ein holder musz so nym hulder plumen vnd milch vnd sude die plumen da in wol darnach slach sie dorch ein duch dan nym gereben semelen vnd eyer vnd mach ein musz dauon vnd würcze isz ab du wilt. [71]

ZUTATEN

14 mittlere Blütendolden

1¼ Liter Milch

200 g geriebenes, trockenes Brötchen (ohne Rinde)

4 Eier + 1 Prise Salz

Die Blüten waschen, dann in die Milch geben und kurz aufkochen. Nun alles durch ein Tuch sieben. Etwa einen Viertel Liter von der Milch beiseite stellen. Die restliche Milch mit den weißen Semmelbröseln vermischen, unter ständigem Rühren aufkochen und eindicken lassen. Die Eier verquirlen, unter das vom Herd genommene Mus ziehen und unter Rühren langsam erhitzen. Kurz bevor sich Blasen zeigen, sofort wegnehmen. Salzen. Das Mus in tiefe Teller geben, etwas Holunderblütenmilch darum gießen und auftragen.

Peter und Paul   29. JUNI

---

25   WIEDERBEFÜLLTE AALHAUT IN WEINSOSSE – EINE MITTELALTERLICHE BESONDERHEIT FÜR EIN FESTESSEN

Item wyltu maken eynen ghevulden ael, so thu em de hud aff. Unde snyt den al an stucken. Unde suth en gar. Nym de graden daruth. Nym salvie, rosin und ingever unde stotrys. Unde make daraff eyn vulsel. Sollte dat wol thomathe. Vulle dat wedder in de hut. Legge dat yn heyt water. Lat dat hart werden. Snyt dat yn even stucken. Make dartho eyn gud sot van wyne unde van honnighe unde van guden krude, van saffrane, van peper. Unde lat dat seden ... [72]

1 Aal (ca. 500 g)

1 Liter Salzwasser

2 Schuss Weißwein und 1 Schuss Essig

FÜLLE

1 TL Salbei

2 Handvoll Rosinen

1 cm frischer Ingwer, gerieben

oder ½ TL gemahlenes Ingwerpulver

75 g Reismehl aus gemahlenem Rundkornreis

½ TL Salz

SOSSE

¼ Liter Weißwein

5 Pfefferkörner

1 Prise Safran + 1 – 2 EL kochendes Wasser

2 – 3 EL Honig

Den Aal beim Fischhändler enthäuten lassen. Den Kopf ab-
schneiden. Die lederähnliche Haut am Bauchschnitt mit einer
Nadel und festem Faden zunähen. Das Aalfleisch in Stücke
schneiden. Den Kochsud aus Salzwasser, Wein und Essig zum
Kochen bringen. Die Fischstücke im Moment des Aufkochens
einlegen und garen. Sobald ein Gabeleinstich auf keinen Widerstand stößt, den Fisch aus dem Sud nehmen und entgräten.
Das Fischfleisch wird durch den Fleischwolf gedreht, ebenso die
Hälfte der Rosinen. Danach mengt man Reismehl unter und
noch ganze Rosinen, Salbei sowie Ingwer. Die Farce wird in die
Aalhaut wieder eingefüllt, nicht zu dick gestopft, da die Masse
noch quillt. Nun den Aalkopf wieder an die Haut nähen. Den
Fischsud nochmals zum Kochen bringen und den Aal darin unter leichtem Köcheln ziehen lassen (ca. 12 Minuten).

Für die Soße den Wein erhitzen und die Pfefferkörner zugeben.
Dann den Honig in den heißen Wein geben und verrühren.
Zuletzt mit dem in heißem Wasser aufgelösten Safran rötlich
färben.

ein hecht sultz zu machen

so nim ain hechtt vnd schiep jn mach gutte stuck draus vnd saltz jn dau jn dar nach jn ain sauber kesel vnd dau zwen epfel vnd zwen zwifel gantz dar ein vnd geuß ain gutten wein dar an vnd las auf syeden nim ain gutten hause blatter in ain diechlin las auch beym visch syeden gwirtz jn ab mit pfeffer safern vnd zucker vnd jmber das nit so res vnd nit so saur sey ... leg die stuck jn ain schisel geuß die brye dar jber be se es mit mandel dar auff. [73]

Item zu ainer gall nymm essich und hönig und lezelten. Und stoß durchainander und s[tr]eichs durch ain duch. Und daran gibs kalt ... [74]

ZUTATEN

1 kg Hecht

2 Liter Kochsud halb Wasser, halb Wein + 1 Schuss Essig

Salz

2 Äpfel

2 Zwiebeln

1 Liter Sud von gekochter Hechthaut und Gräten

(alternativ Gelatine)

10 Pfefferkörner

¼ TL Ingwer

evtl. Zucker, Safran + 2 EL kochendes Wasser

TUNKE

½ Liter halb Weißweinessig und Wasser

2 – 3 EL Honig

½ Soßenlebkuchen, trocken gerieben (30 g)

Den Hecht schuppen und innen salzen. Das Wasser-Wein-Gemisch erhitzen. Sobald es kocht, das Hechtstück einlegen und leicht köchelnd gar ziehen lassen. Gut Salzen. Geviertelte Äpfel, Zwiebeln und Pfefferkörner hinzufügen. Sobald sich die Flossen leicht entfernen lassen, ist der Fisch gar. Nun die Haut abziehen, alles entgräten und in mundgerechte Stücke teilen. Die

Hechtstücke auf dem Boden einer flachen Schüssel arrangieren. Daneben 1 Liter Kochsud mit der Haut und den Gräten ca. 1 Stunde lang kochen lassen.

Alles durch ein Haarsieb oder ein Stofftuch geben und die Flüssigkeit auffangen. Mit Ingwer und evtl. Zucker abschmecken. Der Sud kann auch mit aufgelöstem Safran gelb gefärbt werden. Die Fischstücke werden mit dem Abkochsud, evtl. noch ergänzt durch Kochsud, bedeckt. Zum Gelieren mehrere Stunden kalt stellen.

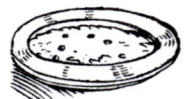

Für die Tunke das Essig-Wasser-Gemisch erhitzen, den geriebenen Soßenlebkuchen darin auflösen, alles aufkochen, mit Honig süß-sauer abschmecken und kalt zur Sülze reichen.

27 GELIERPULVER AUS WICKENBLÜTEN

Abir ein puluer czu galreinen Nym bonen erweiß adir wicken blut vnd derre daz an der lufft vnd puluers vnd so du ein galrein machen wilt so du des selben puluers in ein cleine feckelin vnd sut iß mit den fischen ... vnd nym czu yder eynre maß des puluers czwey loit.[75]

ZUTATEN

1,4 Liter Fischsud
35 g Wickenblütenpulver (für 2 g benötigt man eine gut gehäufte Handvoll Blüten)

Die Blüten werden gepflückt und mehrere Stunden im Ofen auf niedrigster Stufe gedörrt. Die Ofentür muss dabei ein Spalt offen bleiben. Sobald sich die Blütenblätter mit den Fingern zerkrümeln lassen, werden sie in einem Mörser zu Pulver gestoßen. Dieses wird nun in ein kleines Stück Leinen-/Baumwollstoff eingebunden und im Fischsud mitgekocht.

MARGARETHA | 12. JULI
umb Margarethe ... hebt gewondlich an die chrebs zu fahen ...[76]

FLUSSKREBS MIT WEICHSELKIRSCHSOSSE

28

Item wiltu krebs siedé dy thu in ein hafen. vn verdeck sie gar wol. Geüß wein essig od wasser daran. vnd saltz sie mach auch ein feür stets daruntter. vn wen sie rot werdé so haben sie sein genug. die sol man heiß für tragen in verdeckten schüsseln. dar zu magman weigssel salssen haben zu vischen vnd krebssen so man gest hat = Item weichselsalssen mach also Stoß sie in einé morsser mit kern vnd all. Reib leckuchen darunt. treib es durch ei tuch mit guté wein. Schut es in einé vglasten hafen vn stos negelei vn allerley starcke wurtz vn ein weig saltz thu dar ein. erwell es bey dem feür ...[77]

ZUTATEN

2 Pfund Flusskrebse
¾ Liter Wein, ¾ Liter Wasser und ein Schuss Essig

SOSSE

350 g Sauerkirschen aus dem Glas
½ Soßenlebkuchen, trocken gerieben
1/8 Liter Rotwein
2 Prisen frisch gestoßene Nelken
1 Prise Pfeffer
2 Prisen Salz

Krebse waschen und abtropfen lassen. Zuerst bereitet man die Soße. Die Kirschen aus dem Glas mit der Hälfte des Saftes in ein großes Haarsieb geben, mit dem Schöpflöffel zerdrücken und mit einem Esslöffel durchpassieren. Getrockneten Lebkuchen fein mahlen und im Wein aufweichen lassen. Evtl. Klümpchen gut zerreiben. Die Masse zu dem Kirschpürée geben und aufko-

chen. Die Flüssigkeit unter leichtem Kochen etwas reduzieren. Mit gestoßenen Nelken, Salz und Pfeffer abschmecken. Nun den Sud aus Wein, Wasser und Essig zum Kochen bringen, bis es sprudelt. Die Krebse nacheinander hinein werfen, so dass das Wasser sprudelnd weiterkocht. Herunterschalten und 8 Minuten leicht köcheln lassen. Hierauf reicht man sie zugedeckt im Sud liegend zusammen mit der Kirschsoße.

29

KRAPFEN MIT HIMBEERFÜLLUNG

Item deʒ geleychen mach von beren ein fül mit hönigk vnd gewürtʒ. vnd kniet ein tayg von ayeren vnd mel vnd mach ʒeltel darawß. vnd verpindt die füll darin alʒ krapffen sein süllen vnd pachs in schmaltʒ. [78]

KRAPFENTEIG

500 g Mehl Typ 550
2 Eier
60 g Butter
25 g Hefe oder
1 Päckchen Trockenhefe
1 TL Honig
50 ml lauwarmes Wasser
1 TL Salz
ca. 100 ml Honigwein aus trockenem Weißwein +
1 EL Honig

FÜLLUNG

Himbeerenmus (↑ RNr. 2)

ZUM AUSBACKEN

750 g Butterschmalz

Himbeerenmus wie in RNr. 2 beschrieben zubereiten. Für den Teig die Eier warm stellen, den Wein erhitzen und den Honig darin auflösen. Die Butter bei geringer Hitze schmelzen. Mehl in eine Schüssel geben, mittig in eine Grube die Hefe bröseln und

mit 1 TL Honig sowie etwas lauwarmem Wasser zu einem kleinen Vorteig verrühren. Mit Mehl bestäuben, warm stellen und
aufgehen lassen, bis sich Risse bilden (im Backofen bei 30°C).
Den fertigen Vorteig beiseite nehmen und das restliche Mehl mit
den Eiern, der abgekühlten Butter, Salz und etwas lauwarmem
Honigwein verkneten. Danach erst beide Teige zusammenmischen und gut durchkneten. Der Krapfenteig darf nicht klebrig
sein, vorsichtig den Wein dosieren oder noch Mehl zugeben. Mit
einem Tuch zugedeckt kurz ruhen lassen. Dann den Teig schlan-
genförmig ausrollen und in eigroße Teile zerschneiden, die man
zu Kugeln formt. Diese handtellergroß ausrollen und auf jeden
Teil mittig 1 TL Himbeermus setzen. Die Teigränder zipfelig
hochschlagen und oben zusammendrücken. Diese Klößchen
legt man auf ein bemehltes Backblech und lässt sie zugedeckt im
Backofen bei 30°C um die Hälfte höher aufgehen. Nun mindestens zwei Finger hoch Butterschmalz in einem Topf erhitzen, so
dass eine nass gemachte Gabelspitze ein leichtes Zischen verursacht. Nun legt man so viele Krapfen ein, wie Platz haben und
lässt sie bei guter Hitze von allen Seiten goldbraun backen.

HERZHAFTES PFLAUMENMUS

30

Item wiltu maken plumenmoes, so schelle de plumen schone. Thu
de kerne al uth. So nym de plumen, witbrot, krude. Stot dat. So
lat id seden myt botteren. Rore dat aff myt eigeren.[79]

ZUTATEN

1 kg Pflaumen

2 trockene Brötchen, entrindet und gerieben

¼ TL Pfeffer, weiß

25 g Butter

1 Prise Salz

1 Ei

2 – 3 EL Honig

Die Pflaumen waschen, halbieren, den Kern auslösen und die
Haut abziehen. Mit einem kleinen Schuss Wasser im Topf zu-

stellen und weich kochen (ca. 5 Minuten). Alles zerstampfen. In das Mus die geriebenen, weißen Brötchenbrösel einrühren und aufkochen, bis es eindickt. Die Butter zufügen und unter ständigem Rühren schmelzen lassen. Das Ei verquirlen und in das vom Feuer genommene Mus geben. Kurz erhitzen, jedoch nicht mehr kochen lassen. Mit Pfeffer, Salz und Honig würzen. Wer es fein haben möchte, kann alles durch ein Haushaltssieb streichen.

Schnittmonat

ESSEN, WIE AN EINEM FESTTAG IM MAGDALENENHOSPITAL
IN MÜNSTER ODER FAST SO, WIE DER SPEYERER BISCHOF ASS:

MORGENS	suwermylch, suppen und kesebruwe
FRÜHMAHL	Potthast ODER brùwe und fleisch gebratens mit iren biiessen
ABENDS	bayes AUS ÜBRIGGEBLIEBENEM

31

KÄSESUPPE – kesebruwe

Lange Käse heraus, wasche sie rein aus in einem reinen warmen Wasser, schneide sie klein, thue sie in einen Topf und setze sie zum Feuer mit Wasser, wirf darein geschälte Zwiebeln, grüne Petersilie, Kraut und Wurzel, und Salbeiblätter, laß das wol sieden und gieb Acht daß es nicht anbrennt. Wenn es dann gesotten ist, so treibs durch ein Tuch oder Sieb, thue sie wieder in einen reinen Topf, mache sie fett ab mit Butter, schütte darein ganzen Kümmel, salze sie und bringe sie zu Tische.[80]

ZUTATEN

500 g Kochkäse

1,5 Liter Wasser

½ Zwiebel

250 g Petersilienwurzel

1 EL Petersilie, gehackt

1 EL frischer Gartensalbei, gehackt

1 EL Butter

ca. 1 TL Kümmel, ganz oder ¼ TL gemahlen

2 TL Salz

Das Wasser erhitzen, die klein geschnittenen Petersilienwurzeln und die in Ringe geschnittene Zwiebel zugeben sowie einen Teil Petersilienkraut und Salbei. Ausreichend salzen. Kochen lassen, bis das Wurzelgemüse weich ist. Dieses je nach Geschmack pürieren oder zum Mitessen ganz belassen. Nach und nach den Käse in die kochende Suppe geben und gut verrühren. Mit Butter verfeinern und mit Petersilie, Salbei sowie je nach Vorliebe mit ganzem oder gemahlenem Kümmel würzen. Eventuell nachsalzen. Unter Rühren etwas ziehen lassen und heiß auftragen.

HÜHNER- UND SCHWEINEFLEISCHBRÖCKCHEN IN LEGIERTER BRÜHE – bruwe und fleisch

32

Item me schal nehmen eyn soden hon unde spliten dat vlesch reyne aff. Do dartho swinevleysch, cleyneghesneden, unde win unde wreven witbrot. Unde lat dat seden in eyneme schapen. Unde make id dicke myt eigesdoderen, gheslagen. Unde wenne id uthrichtet, so sprenghe men darup wit pulver unde cynamonium. Dyt heyt mortel van honeren.[81]

ZUTATEN

500 g gekochte Hähnchenbrust

200 g gegartes Schweinefleisch

½ Liter trockener Weißwein

½ Liter Kochsud vom Huhn

2 – 3 Scheiben Weißbrot ohne Rinde

1 – 2 Eidotter + 1 EL Sahne

evtl. Puderzucker und Zimt

Hähnchenbrüste in Salzwasser kochen. Das Schweinefleisch mit kochendem Wasser bedecken, salzen und gar kochen. Das gegarte Fleisch kalt werden lassen und in mundgerechte Stücke zerschneiden. Die Fleischstückchen in einem Topf braun braten und warm stellen. Den Bratensatz mit einem Teil vom Wein und dem Kochsud vom Hähnchenfleisch lösen. Die Weißbrotscheiben klein schneiden, in Wein einweichen und pürieren. Die Masse in die Brühe einrühren und aufkochen. Eidotter und Sahne mischen und in die vom Herd genommene, etwas abgekühlte Soße einrühren. Diese wieder erhitzen, bis fast zum Kochen. Bevor sich erste Blasen zeigen, jedoch sofort wegnehmen. Die Soße nun zum Fleisch gießen und etwas ziehen lassen. Am Tisch eventuell mit Puderzucker und Zimt verfeinern.

---

33   GEBRATENE TAUBEN, MIT BIRNE GEFÜLLT – gebratens

Von zamen Tauben braten / etc.

Wenn man die Tauben drucken rein macht / vnd bratet sie / so schmecken sie gleich wie Veldhúner / vnnd wenn man sie will fúllen / brend man sie in Wasser / sie werden auch allzeit begossen / vnnd wenn man sie will zum disch geben / mit Salz besprengt / etc. ...

Item / man rúrt Eyer mit Speck / zerstossenem Ingber / Stichbirn vnd ein wenig Salzes / fúllet vnd bradet sie damit / etc.[82]

ZUTATEN

4 Tauben

Salz und Pfeffer

Salzwasser

4 EL gewürfelter Schinkenspeck

8 dünne Scheiben fetter Speck

ganze Nelken

Schweineschmalz zum Anbraten

3 Eier

1 große Birne, geschält und in Würfelchen geschnitten

1 Prise Ingwer oder Pfeffer, Salz

Die bratfertigen Tauben waschen, abtrocknen und innen wie außen salzen und pfeffern. Die Eier verquirlen und als Rührei im Schweineschmalz anbraten, gewürfelten Schinkenspeck und

Birnenstückchen hinzufügen. Die Masse würzen und nach Geschmack salzen. Alles in die Tauben füllen und die Hautöffnungen mit Nadel und Faden zunähen. Salzwasser zum Kochen bringen und die Tauben kurz mit dem Schaumlöffel eintauchen und überbrühen. Die Speckscheiben um die Tiere herumlegen, mit einem Faden festbinden und den Speck mit ganzen Nelken bestecken.

Zum Grillen die Tauben auf einen Holz- oder Metallspieß stecken. Den Backofen auf 200 °C vorheizen. Die Tauben auf den mittig eingeschobenen Backofenrost legen, über dem tiefen Backblech ganz unten. Umluftgrillen einstellen und ca. 10 Minuten trocken grillen, dann 1 Liter kochendes Wasser in die Saftpfanne gießen und die Tauben noch ca. 30 Minuten weitergrillen. Einmal wenden. Wenn sich ein Metallspieß ohne Widerstand in die Brust spießen lässt, dann ist die Taube gar. Den Speck entfernen und nochmals zum Bräunen kurz übergrillen. Alternativ können die Tauben im Bräter zubereitet werden. Dazu den Ofen auf 175 °C vorheizen. Die mit Speck umwickelten Tauben in aufgelöstes Schweineschmalz setzen und 30–45 Minuten unter mehrfachem Begießen braten. Zum Servieren die Tauben der Länge nach halbieren und mit der Füllung zusammen anrichten.

34 HOLUNDERBEERENMUS – *bieſſen*

Item ein and holdermus von beren. Nym die holderbere waſch ſie ſchon. nym den weiß gebers brot. ſtoß dyber vnd das brot mit guttem wein oder hünerbrü. thu getriben leckuchen oder honig dar zu mach es ab mit wurtzen treib es durch ein tuch in einem haffen oder in ein pfannen laß wallen und ſee wurtz darauff.[83]

ZUTATEN

1000 g Holunderbeeren
¼ Liter halbtrockener Rotwein oder Hühnerbrühe
8 EL Honig
8 Scheiben Weißbrot
2 Msp. Pfeffer oder Ingwer

Die Holunderbeerendolden waschen, die Beeren abzupfen. In einem Topf werden die Beeren zerstampft. Das Weißbrot entrinden und klein schneiden und im Wein einweichen. Die Brotmasse und den Honig zu den Beeren zugeben. Alles mit einem Esslöffel durch ein Haarsieb streichen. Den verpressten Fruchtanteil unten am Sieb gut ablösen. Die Flüssigkeit nun zum Kochen bringen, auf kleiner Flamme köcheln und eindicken lassen. Würzen. In eine Schüssel füllen und mehrere Stunden kühl stellen.

MÖRSERHUHN ODER EIN MITTELALTERLICHES RESTEESSEN
– bages

35

… schneidt semell gewurfflett und kloppff Eyr clein und thu die Semell dar unter und schneidt dar unter Muscatt oder Muscattblüde und mach es gell und schneidt dar under geprottenn Huner oder magst nehmen Lebern und Meglen und Ffusslenn und setz es uff ein Glutt und geuß dan die Ffull dorein und loß es packenn und gibß hin.[84]

ZUTATEN

8 Eier
8 altbackene Brötchen
1 Handvoll Petersilie
1 Prise Muskat oder Muskatblüte (Macis)
½ TL Salz
evtl. 1 Prise Safran + 1 – 2 EL kochendes Wasser
150 g gebratene oder gekochte Hähnchenbrust,
Leber oder Magen
Butter zum Ausfetten
Semmelbrösel

Die Brötchen in Würfel schneiden. Die Eier in einer Schüssel aufschlagen und verquirlen. Salz zugeben. Nun alles gut vermischen und mit Petersilie und Muskat würzen. Evtl. mit Safran gelb färben. Die gebratene oder in Salzwasser gekochte Hähnchenbrust, alternativ die Innereien, in Würfel schneiden und untermischen. Die Masse mit einem Topfdeckel oder Teller abdecken und leicht in der Schüssel pressen. 1–2 Stunden durchziehen lassen. Den Ofen auf 180 °C vorheizen. Eine Guglhupfform (22 cm) mit Butter ausfetten, die Form mit Semmelbrösel ausstreuen und die Ei-Brötchenmasse einfüllen. Im Backofen ca. ½ Stunde backen lassen, bis oben eine schöne braune Kruste entsteht. Gestürzt auftragen.

Herbstmonat

In dem herbst, ... so soltu ein wenig obs essen ...[85]

36

GELAUGTE, GETROCKNETE SCHOLLE MIT BIRNENSAUCE

Von Schullen.
Mann zeugt ihnen die eufferste haut ab vnd legt sie eine nacht vnd tagk in Teig oder kalck Waffer / die andern in Laugen / left sie darnach für den sud komen vnd legt sie in ein Silber ... Item / man gibt Stichbirn in Butter gebraten darüber ...[86]

ZUTATEN

4 Schollen (gesalzen und getrocknet, evtl. geräuchert)
Gemisch aus Wasser, Mehl und Trockenhefe
Kochsud aus 1 Liter Wasser, 1 Liter Wein und 1 Schuss Essig

TUNKE

2 Birnen
2 EL Butter

Gesalzene Scholle kann man in Dänemark kaufen oder selbst herstellen. Dazu nimmt man den frischen Fisch und legt ihn 3 Stunden in eine Lake aus Wasser und Salz im Verhältnis 10:1. Danach wird der Fisch auf eine Wäscheleine im Schatten gehängt und getrocknet, so lang bis keine Fliegen mehr daran gehen. Die gesalzene, getrocknete Scholle soll über Nacht in einem Teig-Wasser-Gemisch laugen. Der Fisch wird dadurch süß. Den Kochsud aus gleichen Teilen Wasser und Wein sowie einem Schuss Essig bereiten. Die Scholle darin einlegen und langsam zum Kochen bringen und solange sieden, bis sie weich ist. Geräucherte Scholle wird lediglich darin erwärmt. Dann vorsichtig herausheben und auf einer vorgewärmten Platte anrichten. Für die Birnentunke die Birnen waschen, schälen und ausschneiden. Alles klein hacken. Die Butter schmelzen und die Birnenstücke zufügen, zugedeckt auf kleiner Flamme dünsten. Alles durch ein Haarsieb streichen oder pürieren.

SCHLEHENESSIG ALS WÜRZTUNKE ZU GEBRATENEN BRASSEN

37

Item wyltu maken eynen guden etick van watere, so nym slen unde holteppel. Brick se aff twyschen beyden vrowendaghen yn dem herveft ... Stot se cleyne in eyneme moser. Make daruet klumpe also wuste, legge se up brede unde sette se yn eynen heten backoven, dar brot yn ghebacken fy, unde lat se darynne stan so lange, also de oven warm yf. So yf dat eyn gud droghe etyck.[87]

Item Nym ain Afch[e]n vnd prat jn vnd fchüpp jn nicht Schneid jm den pauch auf vnd spalt jn vnd sprenng den jnnen vnd auffen mit falcz, leg jn auf ainen roft vnd lafs jn wol praten, Defgleich[e]n prat die vörchen Allannde vnd praechsen.[88]

ZUTATEN

250 g Schlehen (nach einem Frost)
½ Liter Wasser
1 säuerlicher Apfel
4 Brassen, Forellen, Äschen
Salz, Öl

Schlehen über Nacht einfrieren. Die aufgetauten Früchte durch ein Haarsieb drücken und die Kerne entfernen. Den Apfel feinreiben und ebenfalls durch das Haarsieb passieren. Gut vermischen. Die dickliche Masse kann frisch als Tunke aufgetragen werden. Zum Dörren werden auf Backpapier kleine Fladen gebildet. Man trocknet sie bei leicht geöffneter Backofentür auf niedrigster Tem-

peratur mehrere Stunden. Sobald oben eine Haut entstanden ist, die Fladen vom Blech lösen. Nun umgekehrt auf den Backofenrost legen und weitertrocknen. In einer Spanschachtel aufbewahren. Zum Essen fein mahlen, in warmem Wein oder Obstessig auflösen und wieder erkaltet auftragen. Die Fische waschen, innen gut salzen und etwas ziehen lassen. Den Fisch in Öl wälzen und auf dem Grill 5–7 Minuten je Seite braten.

38 FLEISCH VOM SCHAFBÖCKLEIN IN ZWIEBELBRÜHE

Ain kurz flaisch. nim spin wider flaisch und schnid das zwaier finger brait und lang und es in win und in wasser mit peterli und zibelen und tuo ain wenig honig daran und als noch nit gar gesotten ist, so tuo ganzen knoblauch daran und las es voln sieden und niem 10 oder 11 aiger und schlach die doran, so ist es gerecht und guot.[89]

ZUTATEN

1 kg Lammfleisch

2 Liter halb Wasser, halb trockener Weißwein

Salz, evtl. Pfeffer

3 EL Petersilie, gehackt

6 Zwiebeln, geviertelt

Honig

2 Knoblauchzehen

2 Eier + 2 EL Sahne

Das Fleisch grob würfeln. Die Zwiebeln schälen und vierteln. Nun das Wasser-Wein-Gemisch zum Sieden bringen, das Fleisch einlegen und aufkochen lassen. Die Zwiebeln, die gehackte Petersilie sowie Salz zugeben. Alles bei mittlerer Hitze zugedeckt 50–60 Minuten garen. Nach der Hälfte der Garzeit den Knoblauch pressen und unterrühren. Gegen Ende wird die Soße legiert. Dazu die Eier verquirlen, mit der Sahne vermischen und dies in die vom Herd genommene Fleischbrühe einrühren. Kurz noch einmal erhitzen, jedoch nicht mehr kochen lassen. Zuletzt mit Honig und evtl. Pfeffer abschmecken.

KALBFLEISCH IN PETERSILIENWURZELBRÜHE

39

Item / man schneidet Kalbfleisch in kleine scheiben / machts gahr in Rindfleischbrüh / … – Item / man macht Petersilgenwurtzeln in speltlein zerschnitten halb gahr / alsdann thut man daß Kalbfleisch in scheiben zerschnitten darunter / lests zu samen durchkochen / machts ab mit Buttern vnd zerrieben Weißbrot …[90]

ZUTATEN

1 kg Kalbfleisch vom Bug
2 Liter Rinderbrühe
250 g Petersilienwurzeln
1 Liter Salzwasser
1 EL Butter
1 ½ altbackene Brötchen, gerieben (ohne Rinde)
Salz

Das Fleischstück waschen und halbieren. Dann die Brühe zum Kochen bringen und das Fleisch hineingeben. Eventuell noch salzen. Das Fleisch ca. 1 ½ Stunden weich kochen lassen. Währenddessen die Petersilienwurzeln waschen, schälen und stiften. Dann in kochendem Salzwasser ca. 10 Minuten halb weich garen, absieben und abtropfen lassen. Das Wurzelgemüse etwa nach einer Stunde der Garzeit des Kalbfleisches zur Brühe hinzufügen und mitkochen. Das gare Fleisch wird herausgenommen, zu Scheiben geschnitten und in einer Schüssel warm gestellt. Die Soße nun mit den Semmelbröseln versetzen, aufkochen und eindicken lassen. Zuletzt mit Butter verfeinern. Alles über das Fleisch gießen und auftragen.

40

RÜBENSUPPE MIT GERÄUCHERTEM DÖRRFISCH

…alle geréûcht dúr viſch mag man in pfeffer geben oder neben ſuppen oder kraut in allen faſttagen./Item wiltu gutte ſuppen machen. ſo nym die dúrre ruben brw vn leûter ſie ſchon mit abſeigé oder durch ein tuch in ein pfanne. vn wenig honigs darein. mach es ab mit gutten wurtzen und ſaltz verſuch es wol … Du magſt … ſolch ſuppen geben … und heiſſe viſch dar bey … [91]

ZUTATEN

6 Mairüben

ca. 1 Liter Salzwasser

2 Mittelstücke geräucherter Seefisch

(Scholle, alternativ Butterfisch)

2 EL Honig

¼ TL Pfeffer

Die Rüben waschen, schälen und in kleine Stücke schneiden. In kochendes Salzwasser geben, nur soviel, dass die Rüben bedeckt sind. Zugedeckt weich kochen, bis sie zerfallen. Nach der Hälfte der Garzeit den Räucherfisch oben auflegen und mitkochen. Den Fisch herausnehmen und warmstellen. Die Rüben durch ein Sieb streichen oder pürieren. Mit Honig und Pfeffer abschmecken. Das Fischfleisch entgräten, in mundgerechte Stücke zupfen, wieder in die Rübensuppe geben und auftragen.

WEINTRAUBENMUS

Wyltu maken eyn moes van wynberen … plucke ſe van den drufelen unde drucke ſe eyntwey. Unde clare aff des wynes yegheneyn halff ſtoveken. Unde ſette de anderen to den wure unde laetſe ſeden. Nym mandelenkerne unde ſtoet ſe cleyne in eyneme moſere. Male ſe cleyne aff van der molen myt deme claren wyne. Unde denne de gheſoden wynberen ſtrick dorch eynen reynen dock. Des do denne thohope … Unde lat ſe noch eyns ſeden. So nym honnichkoken … unde make one droghe. Unde ſtot one cleyne yn eneme moſere. Unde ſichte one dorch eyn krudeseff. Unde do on yn dat wynmoes. Do darto honnych unde lat dat so langhe seden, dat dat starqk wert. Unde do denne darna yn krude, ingheber, neghelken, peper, so wert dat gud ... [92]

1 kg Weintrauben (kernlos)

¼ Liter Weißwein, halbtrocken

250 g Mandeln, ohne Schale gemahlen

4 EL Honigkuchen, trocken gerieben

½ TL Ingwer

2 Msp. Nelken

2 Msp. Pfeffer

Die Trauben im Wein kochen, bis sie weich sind (ca. 10 Minuten). Nun die Früchte zerstampfen und pürieren. Die Mandeln hinzufügen und aufkochen lassen, bis die Masse eindickt. Den geriebenen Honigkuchen unterrühren und noch leicht einköcheln. Mit Ingwer, Nelken und Pfeffer würzen.

GEFÜLLTER KAPAUN / MASTHAHN MIT BÖHMISCHER INGWERSOSSE

42

Item sider denn Capawn vnd thue jn auff vnd thue daraus die lungen vnd die leber vnd das mäglein vnd furb den maqen woll vnd thue darein gancz vnd halb wachalter per vnd ain wenig jngwer klain geschnitten. vnd nä jndenn zwe vnd hefft das jnden kapawn. vnd nym dann das hercz, leber vnd lungel vnd zer schnicz vnd sneid darunder speck klain als wurffel, vnd knoblach vnd zwcker vnd wachallter per, jngwer vnd naglein vnd ander guett gewurcz, ob dw willd. vnd da mit fullen vnd nä jn dann zue vnd beraitt jn dann vor mit salcz. Darnach Spick jn ... pratt jnn ...[93]

Item, Nym ein gueten wein vnd von einer semell dy prosen, vnd secz das auf ein fewr, vnd la das syeden ... treyb es durch ein sib laes dan dy helfft einsyeden. vnd dan gebürcz ab mit Inber vnd ein wenyng peffer, auch ein wenyg ein safrian vnd ein honik ... vnd geus sy auf ein schüssel vnd leg dy praden kopawner dar auf [94]

1 Masthahn mit Innereien

13 Wacholderbeeren

1 TL Ingwer, gemahlen

250 g durchwachsener Speck, gewürfelt

2 Knoblauchzehen, fein gehackt

1 TL Zucker

2 Nelken, gestoßen

Pfeffer + Salz

Schweineschmalz

SOSSE

½ Liter Weißwein, halbtrocken

2 trockene Brötchen (ca. 50 g)

2 TL gemahlener Ingwer

2 Prisen weißer Pfeffer

2 EL Honig

1 Prise Safran + 1 – 2 EL kochendes Wasser

Den Hahn und die Innereien waschen. Den Magen mit 3 Wacholderbeeren sowie 2 Prisen Ingwer füllen und zunähen. Sonstige Innereien klein schneiden und mit Speck, Knoblauch und Gewürz vermischen. Alles in den Hahn füllen und mit Nadel und Faden zunähen. Die Flügel und Beine durch kleine Spieße oder mit Faden fixieren. Salzen, Pfeffern und mit zerlassenem Schweineschmalz einstreichen. Den Ofen vorheizen. Dann den Rost mit dem Masthahn in Schiene 2, darunter die Saftpfanne einschieben. Alles bei 185 °C ca. 1 ½ Stunden bei Umluft grillen, dabei häufig mit dem zerlassenen Fett begießen und einmal wenden. Nach kurzer Garzeit etwa 1 Liter kochendes Wasser in die Saftpfanne einfüllen. Für die Soße die Brötchen entrinden und reiben. Zusammen mit dem Wein aufkochen, eindicken lassen und dann durch ein Haarsieb streichen. Zuletzt Ingwer, Pfeffer, Honig und den in Wasser aufgelösten Safran hinzufügen.

Kuchen meisteri.

3. Anhang

PFLANZENRESTE AUS DER »LUTHERGRUBE« — LISTE 1

GETREIDE
- Roggen
- Getreide
- Nacktweizen
- Kulturgerste
- Weizen undifferenziert

ÖLFRUCHT
- Schlaf-Mohn

GEWÜRZPFLANZE
- Dill

OBST- UND IMPORTPFLANZEN
- Fe ge
- Pflaume
- Wein-Rebe

SAMMELPFLANZEN
- Schwarzer Holunder
- Steinobst – Kirsche/Schlehe/ Pflaume
- Himbeere
- Hasel
- wohl Walderdbeere/Finger-kraut
- Schlehe/Schwarzdorn
- wohl Himbeere

RUDERALPFLANZEN
- Weißer Gänsefuß
- Rauhhaarige/Viersamige Wicke
- Acker-Steinsame
- Quendel-Sandkraut

- Krauser/Stumpfblättriger Ampfer
- Gänsefuß
- Doldengewächse
- Labkraut
- Schwarzes Bilsenkraut
- Echtes Johanniskraut

HOLZRESTE
- wohl Ahorn
- zerstreutporiges Laubholz
- Holzkohlen – Eiche, Hasel, Weide, Birke, Hainbuche, Pappel, Rotbuche, wohl Linde

---

TIERRESTE AUS DER »LUTHERGRUBE« — LISTE 2

HAUSTIERE
- Schwein
- Schaf
- Ziege
- Rind
- Hauskatze
- Hausgeflügel
- Gans
- Huhn/Hähne
- Ente
- Taube
- Eierschalen

FISCH
- Hecht
- Flussbarsch
- Zander
- Aal
- Brassen

- Karpfen, Plötze, Rapfen
- Hering
- Dorsch
- Plattfisch (u. a. Scholle)

WILD
- Feldhase
- Rebhuhn
- Birkhuhn

SINGVÖGEL
- Buchfink
- Rotkehlchen
- Singdrossel
- Dorngrasmücke
- Goldammer
- Grau- oder Fischreiher
- Saatkrähe
- Elster

ÖL

Kroppenstedter Ölmühle
Walter Döpelheuer GmbH
W.-Firse-Straße 6
39397 Kroppenstedt
www. Korena-oel.de

SOSSENLEBKUCHEN

Heinrich Leupoldt KG
95163 Weissenstadt
www.leupoldt.de
(Kaufland)

Georg Gräfe Pulsnitzer
Pfefferkuchen GmbH & Co. KG
Schillerstraße 6
01896 Pulsnitz
www.pfefferkuchen-
pulsnitz.com

MANDELMUS

grano Vita Mandelmus
(Reformhaus)

Rapunzel Naturkost
(Ökoladen)

FLEISCH VON SCHAF UND ZIEGE

Ziegenhof »Gut Horbeck«
Horbeck 2
06543 Molmerswende
Telefon 034779.900 29
www.ziegenhof-guthorbeck.de

Glinder Ziegenhof
Dorfstraße 80
39249 Glinde
www.glinder-ziegenhof.de

Milchschaf und Ziegenhof
Chausseestraße 3b
06449 Friedrichsaue

Neuland Schäferei Schuster
Ostorfer Straße 2
39615 Benster
www.schaeferei-schuster.de

FISCH

Fischerhof am Kerner See
06179 Höhnstedt
Tel. 034601. 257 90
www.kerner-see.de

Auleber Fischzucht
Fischereigehöft
99765 Auleben
Telefon 036333.702 83

WILDGEFLÜGEL

Fasanerie Wendgraben
Wendgrabener Chaussee 2
39279 Wendgraben bei Loberg
www.mamnet.de

WEIN

Weinstraße Mansfelder Seen
www.weindorf-hoenstedt.de

Weingut Born
06179 Höhnstedt
Telefon 034601.229 30

Weingut Hoffmann
06179 Höhnstedt
Telefon 034601.229 32

Weingut Rollsdorfer Mühle
René Schwalbe
Raststätte 1
06317 Seeburg (Rollsdorf)
Tel. 0178.615 17 69
www.weingut-rollsdorfer-
muehle.de

Weingut Schloss Seeburg
Telefon 0345.522 21 64
www.weingut-schloss-
seeburg.de

Aichholzer 1999
D. Aichholzer (Bearb.), »Wildu machen ayn guet essen…«. Drei mittelhochdeutsche Kochbücher, Erstedition, Übersetzung. Kommentar. Wiener Arbeiten z. germanist. Altertumskde. u. Philologie 35 (Bern/ Berlin/Frankfurt a. M. 1999).

Birlinger 1864
A. Birlinger, Kalender und Kochbüchlein aus Tegernsee. Germania 9, 1864, 192 – 207.

Birlinger 1865
A. Birlinger (Hrsg.), Alemannisches Büchlein von guter Speise. München Cgm 384. Sitzungsber. d. Bayer. Akad. d. Wiss. Phil.-hist. Cl. 1865, 171 – 199.

Birlinger 1865a
A. Birlinger, Aus dem Tegernseer Kochbüchlein. Anz. f. Kde. d. dt. Vorz. NF 12, 1865, Sp. 439 – 440.

Birlinger 1865 b
A. Birlinger (Hrsg.), Bruchstücke eines alemannischen Büchleins von guter Speise. Nürnberg Germ. Nat. 20291, 1492 – 1494. Sitzungsber. d. Bayer. Akad. d. Wiss. Phil.- hist. Cl., 1865, 199 – 206.

Ehlert 1994
T. Ehlert, Daz buoch von guoter spise. Faksimile hrsg. durch Tupperwaren Deutschland. Mit einem Beitrag von T. Ehlert (Frankfurt a. M./Donauwörth 1994).

Ehlert 1996
T. Ehlert, Kochbuch von Maister Hannsen, des von Wirtenberg Koch. Guot Ding von allerlay Kochen, 1460. Faksimile der Handschrift A.N.V. 12 der UB Basel. Transkription, Übersetzung, Glossar und Kommentar (Frankfurt a. M. 1996).

Ehlert 2000
T. Ehlert (Hrsg.), Münchner Kochbuchhandschriften aus dem 15. Jahrhundert (Frankfurt a. M. /Donauwörth 2000).

Feyl 1963
A. Feyl, Das Kochbuch Meister Eberhards. Ein Beitrag zur altdeutschen Fachliteratur. Phil. Diss. (Freiburg/Br. 1963).

Fouquet 2000
G. Fouquet (Hrsg.), Goldene Speisen in den Maien. Das Kochbuch des Augsburger Zunftbürgermeisters Ulrich Schwarz, vor 1478. Siegener Abh. z. Entwickl. d. mat. Kultur 30 (Siegen 2000).

Gloning 1998
T. Gloning, Rheinfränkisches Kochbuch, um 1445. Text, Übersetzung, Anmerkungen und Glossar von T. Gloning, Kommentar von T. Ehlert. Faksimileausgabe (Frankfurt a. M. / Donauwörth 1998).

Gollub 1935
H. Gollub, Aus der Küche der deutschen Ordensritter. Prussia 31, 1935, 118 – 124.

Honold 2000
M. Honold (Hrsg.), Die Kochrezepte des Cod. Guelf. 16.17. Aug. 4°, Bl. 102r-118v. Würzb. medizinhist. Mitt., 2000, 177 – 208.

Lemmer 1979
F. de Rontzier, Kunstbuch von mancherley Essen, 1598. Faksimile mit einem Kommentar von M. Lemmer (Leipzig/München 1979).

Lemmer 1983
M. Lemmer (Hrsg.), Das Kochbuch der Philippine Welser. Kommentar, Transkription und Glossar von G. Hayer, 2 Bde. (Innsbruck 1983).

Meyer 1989
H. D. Meyer, Literarische Hausbücher des 16. Jahrhunderts. Die Sammlungen des Ulrich

Mostl, des Valentin Holl und des Simprecht Kröll. Würzb. Beitr. z. dt. Philologie 2.1 (Würzburg 1989).

Otto 1856
B. Otto (Bearb.), Dreihundertjähriges deutsches Kloster-Kochbuch. Enthaltend: eine bedeutende Anzahl längst vergessener, jedoch äußerst schmackhafter Gerichte. Nach einem in den Überresten des ehemaligen Dominikanerklosters zu Leipzig aufgefundenen Manuskript (Leipzig 1856/ND Leipzig o. J.).

Platina 1979
B. Platina, Von der eerlichen, zimlichen, auch erlaubten Wollust des Leibs durch Bap. Platinam. Jetzt jüngst grüntlich auss dem Lateinischen verteutscht durch M. Stephanum Vigilium Pacimontanum (Augsburg 1542 /ND München 1979).

Sorbello Staub 1998
A. Sorbello Staub, Die Basler Rezeptsammlung. Studien zu spätmittelalterlichen deutschen Kochbüchern. Würzb. medizinhist. Forsch. 71 (Würzburg 1998).

Stammler 1921
W. Stammler (Hrsg.), Mittelniederdeutsches Lesebuch (Hamburg 1921) 66.

Stopp 1980
H. Stopp (Hrsg.), Das Kochbuch der Sabina Welserin. Übersetzung von U. Griessmann. Germ. Bibl., 4. Reihe (Heidelberg 1980).

Stopp 1980a
H. Stopp (Hrsg.), Aus Kochbüchern des 14. bis 19. Jahrhunderts. Quellen zur Geschichte einer Textart. Germ. Bibl., 7. Reihe = Quellen z. dt. Sprach- u. Literaturgesch. 1 (Heidelberg 1980).

Wegener 1939
H. Wegener (Bearb.), Küchenmeisterei, in Nürnberg von Peter Wagner um 1490 gedruckt. Veröff. d. Ges. f. Typenkde. d. XV. Jh. B, 3 (Leipzig 1939).

Wiswe 1956
H. Wiswe (Hrsg.), Ein mittelniederdeutsches Kochbuch des 15. Jahrhunderts. Wolfenbüttel Helmst. 12 13. Braunschw. Jb. 37, 1956, 19–55.

Wiswe 1958
H. Wiswe, Nachlese zum ältesten mittelniederdeutschen Kochbuch. Braunschw. Jb. 39, 1958, 103–121.

Behre 1986
K.-E. Behre, Die Ernährung im
Mittelalter. In: B. Herrmann
(Hrsg.), Mensch und Umwelt im
Mittelalter (Stuttgart 1986)
74 – 87.

Benker 1975
G. Benker, Altes Küchengerät
und Kochpraxis. Jb. f. bayer.
Volkskde. 1972/75, 1975,
136 – 179.

Benker 1978
G. Benker, Altes Küchengerät
und Kochpraxis. Jb. f. bayer.
Volkskde. 1976/77, 1978,
251 – 281.

Bitsch 1987
R. Bitsch, Trinken, Getränke,
Trunkenheit. In: I. Bitsch/
T. Ehlert/X. v. Ertzdorff (Hrsg.),
Essen und Trinken in Mittelalter
und Neuzeit (Sigmaringen
1987) 207 – 216.

Bitsch u. a. 1990
I. Bitsch/ T. Ehlert/ X. v. Ertzdorff (Hrsg.), Essen und Trinken
in Mittelalter und Neuzeit.
2. Aufl. (Sigmaringen 1990).

Brandl 1984
R. Brandl, Essen und Trinken im
spätmittelalterlichen Nürnberg.
In: Aus dem Wirtshaus zum
Wilden Mann. Funde aus dem

mittelalterlichen Nürnberg
(Nürnberg 1984) 11 – 31.

Dirlmeier 1978
U. Dirlmeier, Untersuchungen zu
Einkommensverhältnissen und
Lebenshaltungskosten in ober-
deutschen Städten des Spätmit-
telalters. Abh. d. Heidelb. Akad.
d. Wiss., phil.-hist. Kl. 1978, 1
(Heidelberg 1978).

Dirlmeier 1984
U. Dirlmeier, Zum Problem von
Versorgung und Verbrauch
privater Haushalte im Spätmittelalter. In: A. Haverkamp
(Hrsg.), Haus und Familie in der
spätmittelalterlichen Stadt.
Städteforsch. A, 18 (Köln/Wien
1984) 257 – 288.

Dirlmeier 1996
U. Dirlmeier/ F. Schmidt, Die
Hanse und die Nahrung im süd-
lichen Mitteleuropa. In: G. Wie-
gelmann/ R.-E. Mohrmann
(Hrsg.), Nahrung und Tischkultur
im Hanseraum. Beitr. z. Volkskult. i. Nordwestdt. 91 (Müns-
ter/New York 1996) 267 – 302.

Ehlert 1991
T. Ehlert (Hrsg.), Haushalt und
Familie in Mittelalter und früher
Neuzeit (Sigmaringen 1991).

Ehlert 2000
T. Ehlert, Das Kochbuch des
Mittelalters (Düsseldorf 2000).

Endermann 1991
H. Endermann (Bearb.), So du zu
Tische wollest gan. Tischzuchten
aus acht Jahrhunderten (Berlin
1991).

Fouquet 1988
G. Fouquet, »Wie die kuchen-
spise sin solle«. Essen und
Trinken am Hof des Speyerer
Bischofs Matthias von Rammung 1464 – 1478. Pfälzer Hei-
mat 39, 1988, 12 – 27.

Hasse 1979
M. Hasse, Neues Hausgerät,
neue Häuser, neue Kleider. Eine
Betrachtung der städtischen
Kultur im 13. und 14. Jahrhundert sowie ein Katalog der
metallenen Hausgeräte. ZAM 7,
1979, 7 – 83.

Henkys 2003
J. Henkys, Luthers Tischreden
(Leipzig 2003).

Hirschfelder 2001
G. Hirschfelder, Europäische Ess-
kultur. Geschichte der Ernährung
von der Steinzeit bis Heute
(Frankfurt a. M. 2001).

Hundsbichler 1996
H. Hundsbichler, Nahrung. In: H. Kühnel, Alltag im Spätmittelalter (Wien 1996) 196 – 231.

Irsigler 1972
F. Irsigler, Ein großbürgerlicher Kölner Haushalt am Ende des 14. Jahrhunderts. In: E. Ennen/ G. Wiegelmann (Hrsg.), Festschrift M. Zender. Stud. z. Volkskult., Sprache u. Landesgesch. II (Bonn 1972) 635 – 668.

Junghans 2000
H. Junghans (Hrsg.), Martin Luthers Werke. Weimarer Ausgabe. Sonderedition. Abteilung 1: Tischreden (Weimar 2000).

Junghans 2002
H. Junghans (Hrsg.), Martin Luthers Werke. Kritische Gesamtausgabe. Weimarer Ausgabe. Abteilung 3: Briefwechsel (Weimar 2002).

Krug-Richter 1991
B. Krug-Richter, Nahrungsgewohnheiten im Magdalenenhospital in Münster 1558 bis 1635. In: T. Ehlert (Hrsg.), Haushalt und Familie in Mittelalter und früher Neuzeit (Sigmaringen 1991) 71 – 90.

Krug-Richter 1996
B. Krug-Richter, Zwischen Hafergrütze und Hirsebrei? Regionale, soziale und funktionale Differenzierungen in der frühneuzeitlichen Hospitalverpflegung Nordwestdeutschlands. In: G. Wiegelmann/ R.-E. Mohrmann (Hrsg.), Nahrung und Tischkultur im Hanseraum. Beitr. z. Volkskult. i. Nordwestdt. 91 (Münster /New York, 1996) 179 – 210.

Laurioux 1992
B. Laurioux, Tafelfreuden im Mittelalter. Kulturgeschichte des Essens und Trinkens in Bildern und Dokumenten (Stuttgart / Zürich 1992).

Löwenstein 1991
U. Löwenstein, Item ein Betth ... Wohnungs- und Nachlaßinventare als Quellen zur Haushaltsführung im 16. Jahrhundert. In: T. Ehlert (Hrsg.), Haushalt und Familie in Mittelalter und früher Neuzeit (Sigmaringen 1991) 43 – 70.

Lüdtke 1983
W. Ryff. Confect Büchlin/vnd Hauß Apotheck. Frankfurt 1544. Faksimile mit einem Nachwort von C. Lüdtke (München 1983).

Märtl 2003
C. Märtl, Die Küche der Kurie. Damals 35/6, 2003, 69 – 73.

Maess 1983
T. Maess, Dem Luther aufs Maul geschaut (Leipzig 1983).

Mohrmann 1996
R.-E. Mohrmann, Tischgerät und Tischsitten nach Inventaren und zeitgenössischen Bildern. In: G. Wiegelmann/R.-E. Mohrmann (Hrsg.), Nahrung und Tischkultur im Hanseraum. Beitr. z. Volkskult. i. Nordwestdt. 91 (Münster/New York 1996)

Prilloff 2002
R.-J. Prilloff, Archäozoologische Beiträge zur Geschichte der Stadt Erfurt. Erfurter Beitr. H. 3, 2002, 71 – 102.

Pusch 1901
H. Pusch, Vom Hausstand und Haushalt einer Thüringer Bürgerfamilie im 16. Jahrhundert. Bürgermeister Jacob Keltz in Saalfeld a. d. Saale. In: Ber. d. Herzogl. Realgymnasiums z. Meiningen 1900 – 1901 (Meiningen 1901) 3 – 40.

Richarz 1991
I. Richarz, Das ökonomisch autarke »ganze Haus« – eine Legende? In: T. Ehlert (Hrsg.), Haushalt und Familie in Mittelalter und früher Neuzeit (Sigmaringen 1991) 269 – 280.

Ruge-Schatz 1990
A. Ruge-Schatz, Von der Rezept-
sammlung zum Kochbuch.
Einige sozialhistorische Über-
legungen über Autoren und
Benutzer. In: I. Bitsch/T. Ehlert/
X. v. Ertzdorff (Hrsg.), Essen und
Trinken in Mittelalter und Neu-
zeit (Sigmaringen 1990)
217–226.

Rumm-Kreuter 1990
D. Rumm-Kreuter, Heizquellen,
Kochgeschirre, Zubereitungs-
techniken und Garergebnisse
mittelalterlicher Köche.
In: I. Bitsch/ T. Ehlert/ X. v. Ertzdorff (Hrsg.), Essen und Trinken
in Mittelalter und früher Neuzeit
(Sigmaringen 1990) 227–244.

Schiedlausky 1956
G. Schiedlausky, Essen und
Trinken, Tafelsitten bis zum Aus-
gang des Mittelalters (München
1956).

Schiller 1966
K. M. Schiller (Hrsg.), Hans Sachs
(1494–1576), 2 Bde. (Weimar
1966).

Schütte 1985
S. Schütte, Bürgerliches Hausgerät des Hoch- und Spätmittelalters in Nordwestdeutschland.
In: C. Meckseper (Hrsg.), Stadt
im Wandel. Kunst und Kultur des

Bürgertums in Norddeutschland
III (Stuttgart/Bad Cannstatt
1985).

Straube 1996
M. Straube, Nahrungsmittelhan-
del im thüringisch-sächsischen
Raum zu Beginn der frühen Neu-
zeit. In: G. Wiegelmann/R.-E.
Mohrmann (Hrsg.), Nahrung und
Tischkultur im Hanseraum. Beitr.
z. Volkskult. i. Nordwestdt. 91
(Münster/New York 1996)
49–68.

Tannahill 1979
R. Tannahill, Kulturgeschichte
des Essens. Von der letzten Eis-
zeit bis heute (München 1979).

Tietz 1995
O. Tietz, Sachsen-Anhalt. Kuli-
narische Streifzüge (Künzelsau
1995).

Treu 2003
M. Treu, Luther und die Tiere
(Wittenberg 2003).

Weimarer Ausgabe 1516
Martin Luthers Werke, Kritische
Gesamtausgabe 56 (1516).

Weiss 1980
H. Weiss, Lebenshaltung und
Vermögensbildung des mitt-
leren Bürgertums. Studien
zur Sozial- und Wirtschafts-

geschichte der Reichsstadt
Nürnberg zwischen
1400–1600. Zeitschr. f.
Bayer. Landesgesch. B, Beih. 14
(München 1980).

Wiegelmann 1996
G. Wiegelmann, Butterbrot und
Butterkonservierung im Hanse-
raum. In: G. Wiegelmann/R.-E.
Mohrmann (Hrsg.), Nahrung und
Tischkultur im Hanseraum. Beitr.
z. Volkskult. i. Nordwestdt. 91
(Münster/New York 1996)
463–500.

Willerding 1985
U. Willerding, Ernährung,
Gartenbau und Landwirtschaft
im Bereich der Stadt. In:
C. Meckseper (Hrsg.), Stadt im
Wandel. Kunst und Kultur des
Bürgertums in Norddeutschland
III (Stuttgart/Bad Cannstatt
1985) 569–605.

Wiswe 1967
H. Wiswe, Die mittelniederdeut-
sche Kochrezeptüberlieferung.
Niederdt. Jb. 90, 1967, 46–62.

Wiswe 1970
H. Wiswe, Kulturgeschichte
der Kochkunst. Kochbücher und
Rezepte aus zwei Jahrtausen-
den mit einem lexikalischen
Anhang zur Fachsprache von
Eva Hepp (München 1970).

1   Junghans 2002, 3509
2   Henkys 2003, 183
3   Treu 2003, 51
4   Junghans 2000, 3684
5   Henkys 2003, 21
6   Maess 1983, 97 ff.
7   Hundsbichler 1996, 199
8   Weimarer Ausgabe 1516, 493
9   Junghans 2000, 5456
10 Wiegelmann 1996, 476
11 Treu 2003, 51
12 Henkys 2003, 183
13 Maess 1983, 97 ff.
14 Lemmer 1979, 208 f.
15 Treu 2003, 51
16 Maess 1983, 97 ff.
17 Treu 2003, 42
18 Fouquet 1988, 27
19 Lemmer 1979, 486 f.
20 Henkys 2003, 21
21 Maess 1983, 97 ff.
22 Schiller 1966 / I, 271
23 Maess 1983, 36
24 Schiller 1966 / I, 297
25 Bitsch 1987, 211
26 Ehlert 1996, 245
27 Aichholzer 1999, 36 ff.
28 Stopp 1980a, 34
29 Hundsbichler 1996, 217
30 Schiller 1966 / II, 271
31 Henkys 2003, 184
32 Hundsbichler 1996, 213
33 Junghans 2000, 139
34 Endermann 1991, 95 ff.
35 Birlinger 1865a, Sp. 439
36 Gloning 1998, RNr. 72 und 56

37 Aichholzer 1999, Kloster Mondsee RNr. 157
38 Feyl 1963, RNr. 94
39 Lemmer 1979, 285
40 Wiswe 1956, RNr. 3
41 Fouquet 2000, RNr. 131
42 Stopp 1980a, B. Staindl RNr. 24
43 Wegener 1939, RNr. 166
44 Lemmer 1979, 26
45 Fouquet 2000, RNr. 23
46 Gollub 1935, RNr. 21
47 Ehlert 1996, RNr. 255
48 Birlinger 1865 / Ehlert 2000, Cgm 384, RNr. 9, 3
49 Ehlert 1996, RNr. 193
50 Honold 2000, RNr. 65
51 Wiswe 1956, RNr. 76
52 Lemmer 1979, 250
53 Otto 1856, RNr. II / 1
54 Gloning 1998, RNr. 53 – 54
55 Otto 1856, RNr. II / 24
56 Wiswe 1956, RNr. 38
57 Birlinger 1864, 207
58 Gollub 1935, RNr. 22
59 Stopp 1980, B. Staindl RNr. 49
60 Gloning 1998, RNr. 30
61 Aichholzer 1999, Dorotheenkloster RNr. 65
62 Honold 2000, RNr. 42
63 Ehlert 1994, RNr. 56
64 Gloning 1998, RNr. 51
65 Wiswe 1956, RNr. 33, 88
66 Wiswe 1956, RNr. 21
67 Sorbello Staub 1998, Ba RNr. 43
68 Feyl 1963, RNr. 95

69 Otto 1856, RNr. 33
70 Lemmer 1983, 19r
71 Wegener 1939, RNr. 42
72 Wiswe 1956, RNr. 51
73 Lemmer 1983, 96v
74 Fouquet 2000, RNr. 81
75 Gloning 1998, RNr. 11
76 Birlinger 1864, 195
77 Wegener 1939, RNr. 16, 160
78 Ehlert 2000, Clm 15632 RNr. 29
79 Wiswe 1956, RNr. 84
80 Otto 1856, RNr. IV / 33
81 Wiswe 1956, RNr. 68
82 Lemmer 1979, 229, 231
83 Wegener 1939, RNr. 43
84 Gollub 1935, RNr. 20
85 Feyl 1963, RNr. 97
86 Lemmer 1979, 488
87 Wiswe 1956, RNr. 11
88 Ehlert 1996, RNr. 148
89 Birlinger 1865b, 206
90 Lemmer 1979, 141, 142
91 Wegener 1939, RNr. 24, 25
92 Wiswe 1956, RNr. 1
93 Ehlert 2000, Cgm 725 RNr. 10
94 Ehlert 2000, Cgm 349 RNr. 2

TEIL 1

1 Stiftung Luthergedenkstätten in Sachsen-Anhalt
2 Spangenberg 1913–1925, 63/69
3 Fotogalerie im Haus Bohl e.V., Eisenach
4 Herzog August Bibliothek, Wolfenbüttel
5 Museum im Schottenstift, Wien
6 Wegener 1939, 21 mit Ergänzungen von S. 5, 6, 8, 24
7 G. Jost, Kassel
8 J. Lipták, Köln
9 J. Lipták, Köln
10 Metropolitan Museum of Art, New York
11 Foto Toso, Venezia; Biblioteca Marciana di Venezia Lat.I,99 (2138) Breviarum f,10
12 J. Lipták, Köln
13 Platina 1979, IV. Buch, XXII
14a Bildarchiv Preußischer Kulturbesitz, Berlin
14b M. Hellmund, Halle
15 Uppsala University Art Collection, Uppsala
16 J. Lipták, Köln
17 J. Lipták, Köln
18 J. Lipták, Köln
19 J. Lipták, Köln
20 National Gallery, London
21 M. Hellmund, Halle
22 Königliches Museum für Schöne Künste, Brüssel
23 Königliches Museum für Schöne Künste, Brüssel
24 Artothek, Weilheim

25 Rheinisches Bildarchiv, Köln
26 Österreichische Nationalbibliothek Wien
27 museumslandschaft hessen kassel, Schloss Wilhelmshöhe, Kassel
28 Wegener 1939, S. 13
29 Lukas. Art in Flanders, Gent
30 Museo Nacional des Prado, Madrid

TEIL 2

Illustrationen:
aus Wegener 1939 bzw. Ehlert 2000

Fotos:
J. Lipták, Köln

Karpfenhohlbraten mit
schwarzer Pfeffersoße
(1460, s. Ehlert 1996; 15. Jh.,
s. Birlinger 1865/Ehlert 2000)
→ S. 75

Käsesuppe
(16. Jh., Otto 1856)
→ S. 108

Krapfen mit Himbeerfüllung
(1490, Ehlert 2000)
→ S. 106

L
Leberwurst auf Weinkraut
(1544, s. Stopp 1980a; 1490,
s. Wegener 1939)
→ S. 72

M
Mörserhuhn oder ein mittelalterliches Resteessen
(15.Jh., s. Gollub 1935)
→ S. 113

Mohnkäse und Nußmilch –
Schwarz und Weiß
(1478, s. Fouquet 2000)
→ S. 88

Mus aus Äpfeln – geeignet auch
für Beeren und Feigen
(1500, s. Wiswe 1956)
→ S. 71

Mus mit Holunderblütenmilch
(1490, s. Wegener 1939)
→ S. 100

R
Rindfleisch in Würzbrühe
(1598, s. Lemmer 1979)
→ S. 73

Rübensuppe mit geräuchertem
Dörrfisch
(1490, s. Wegener 1939)
→ S. 118

S
Schlehenessig als Würztunke
zu gebratenen Brassen
(1500, s. Wiswe 1956; 1460,
s. Ehlert 1996)
→ S. 115

Stockfisch aus einer gelben
Suppe
(1535, s. Birlinger 1864)
→ S. 86

Suppe mit Fleischklößchen vom
Schwein
(15. Jh., s. Honold 2000)
→ S. 78

V
Vögel, Rebhühner oder
Haushühner in Lebersoße
(1445, s. Gloning 1998)
→ S. 81

W
Weinsuppe mit Mörserkuchen,
Mönch oder Guglhupf
(15. Jh., s. Gollub 1935; 1478,
s. Fouquet 2000)
→ S. 74

Weintraubenmus
(1500, s. Wiswe 1956)
→ S. 118

Weizen-, Grieß- oder Hirsemus
(15. Jh., s. Aichholzer 1999)
→ S. 67

Wiederbefüllte Aalhaut in
Weinsoße
(1500, s. Wiswe 1956)
→ S. 100

Wiederbefüllte Eier am Herings-
spieß, geformt und gefärbt
(1500, s. Wiswe 1956)
→ S. 93

Wildhasenpastete im Teigtopf
oder in Tiergestalt
(1598, s. Lemmer 1979)
→ S. 68

Z
Ziegenbraten
(16. Jh., s. Otto 1856)
→ S. 98

IMPRESSUM

HERAUSGEBER	Harald Meller
TEXT	Alexandra Dapper (Tilleda)
GESTALTUNG & SATZ	Marion Burbulla (Berlin)
UMSCHLAGFOTO	Juraj Lipták (Köln)
FOTOS IM REZEPTTEIL	Juraj Lipták (Köln)
REDAKTION	Regine Maraszek, Michael Schefzik, Björn Schlenker
ENDREDAKTION & KOORDINATION	Manuela Schwarz
BILDRECHERCHE	Alexandra Dapper, Björn Schlenker, Thomas Sengpiel, Nadine Holesch
BILDBEARBEITUNG	Brigitte Parsche (Halle)
DRUCK & BINDUNG	Grafisches Centrum Cuno (Calbe)
PAPIER	GardaPat Kiara

Bibliografische Information der Deutschen Bibliothek
Die Deutsche Bibliothek verzeichnet diese Publikation in der
Deutschen Nationalbibliografie; detaillierte bibliografische
Daten sind im Internet über http://dnb.ddb.de abrufbar.

ISBN 978-3-8062-2253-1 (Buchhandelsausgabe)
ISBN 978-2-939414-13-1 (Museumsausgabe)